青春文庫

暮らしと心の「すっきり」が続く

ためない習慣

金子由紀子

青春出版社

はじめに

先日、何通もの郵便物を作成するために、食卓の上で作業をしていました。封筒、はさみ、のり、切手シートの束、印鑑と朱肉、ペン。書類や便せんなどもたくさんあったので、テーブルの上はたちまちいっぱいになってしまいました。

しばらくして、すべて封入され、切手の貼られた郵便物をポストに投函しに行こうとしたとき、ふと思いつきました。

「そうだ！　さっきのあのテーブルの上、片づけておかないと。後回しにすればするほど厄介《やっかい》だから…」

そう思って食卓を振り返ると、上には何もありません。

「あれ？　誰か片づけてくれたのかな？」

と思っても、私以外、誰もいません。

よくよく自分の行動を思い返してみたら、郵便物を作り終えた直後、今と同じことを思ってそそくさと片づけていたのでした。

「後回しにすると厄介だから」――

私はもともと、片づけが嫌いで苦手で、若い頃は、散らかしてしまう自分にいつもうんざりさせられてきました。

そんな私が、自分の弱点を少しずつ克服していけたのは、苦手なこと＝片づけを、無意識のうちにできるレベルの「習慣」にしてきたことが最大の理由だと思います。

散らかりが広がらないうちに片づけてしまえば、いつもスッキリした環境で暮らせる。モノをなくしたり、探したりしなくて済む。これは大きな成果です。

「習慣」の力の大きさについては、多くの人が知るところでしょう。習慣は高利回りの投資みたいなもので、うまく運用（身につけ）すれば、少ない元手（労力）で大きな成果を得られます。だから皆、習慣を身につけようと努力します。でも、なかなかうまくいかない。私もそうでした。

失敗を重ねるうちに、習慣には実は二つの種類があるのだ、ということが、少しずつわかってきました。努力の蓄積がそのまま成果に反映する「積み上げる習慣」と、目の前にある問題を取り除き続けることで身につく「ためない習慣」です。

この二つを混同してしまうと、せっかくの努力が成果に結びつかなくなってしまいますし、特に「ためない習慣」を軽視すると、人生の質そのものが低くなってしまいます。

「ためない習慣」は、一見地味であまり価値のないもののように見えますが、私はこの習慣に着目し、身につけたことで、「積み上げる習慣」も比較的ラクに身につけることができるようになりました。

自分でも気がつかないうちに片づけることもできるようになった私ですが、もともと片づけが得意な人とは違い、試行錯誤もありましたし、逆にそこからさまざまな工夫も生まれました。だからこそ、そこへ至る道筋を思い出し、お話しすることができるのではないかと思うのです。それが、本書を書いた理由です。

人生を少しでも生きやすくしたいと願う人にとって、習慣は強い味方となってくれます。決して意志の強くない私がいかに習慣を身につけ、挫折せず、継続してきたかをお伝えすることで、お読みになる方の暮らしが少しでも楽しく、豊かなものとなりますように。

金子由紀子

目次

第1章　「ためない」と、人生が好転する

第2章 習慣作りの基本ルール

第3章 暮らしの悩み別 習慣作りのコツ

時間の使い方

心の問題

第4章

挫折グセを繰り返さないために

第5章 習慣の力で人生を楽しもう

※付録は横書きのため巻末からお読みください

文庫版に寄せて

本書を文庫に入れていただくことになり、あらためて読み返してみて、時の流れの速さ、変化の大きさに驚きました。

執筆時、私は更年期のとば口に立っていたのです。自分ではあまり理解していませんでしたが、体力自慢の私が疲れやすくなり、集中力が続かなくなったのはこの頃からです。震災後の、自分の価値観の変化にもとまどいを感じていました。

その頃、どういうわけか、それまで思いもつかなかった「水泳」を始めました。

実は、まったく泳げなかったのですが、

「プールの中を歩くだけでいい運動になる」

という友達の言葉を信じて歩いているうちに、いつの間にか泳げるようになっていました。

こうなると楽しいもので、以来毎日のようにプール通いが始まりました。1日40分ほど、クロールで1000mを日課にするようになると、体調も良くなり、気分も明るくなります。水泳はすっかり私の習慣となり、そのうちに更年期症状もおさまってきました。

ところがここに来て、突然のコロナ禍です。

夫はテレワーク、新入社員の娘はリモート研修、大学に合格した息子はオンライン授業。我が家のリビングはさながら零細企業のオフィスと化しました。プールはしばらく閉鎖、どこにも行けません。

しかし、そうなればなったで、今度は、

「不器用だから無理」

と思い込んでいた洋裁や手芸に挑戦することに！　何しろ、時間はたっぷりありますから。人生、何があるかわかりませんね。

今年は、娘が独立する予定です。

遠からず、息子も出ていくでしょう。

狭かった家は広くなり、私の体力も少しずつ衰え、できることも興味も変わっていくかもしれません。

人生は絶え間ない変化の連続ですが、でも、心配することはないな、と思います。

何があろうと、私たちは行動を変えて、変化に対応することができます。新しい状況には、新しい習慣を作ることで乗り切ることができます。

これまでの習慣の最大の目的は、

「子供たちを健康に成長させ、一人で生きていけるようにする」

ことでした。

それが達成されつつある今、私には、次のステージに向けた習慣作りが必要となっています。自分にとっていちばん必要なものを選び、できるサイズに落とし込み、身体化する。

そんな風に習慣を味方につけ、このささやかな生活をこれからも最大限、楽しんでいきたいと思います。

2021年春

金子由紀子

第1章

「ためない」と、人生が好転する

よい習慣を作りたいのに…

仕事にしろ、勉強にしろ、趣味にしろ、何か成しとげたいことがある人なら誰もが、「よい習慣を作る」ことに憧れるのではないでしょうか。

一流と言われる人々の素晴らしい習慣については、しばしば耳にするところです。

たとえば元野球選手のイチロー氏、テニスの大坂なおみ選手のようなアスリートの体力・技術の向上は、綿密な習慣作りと、それを厳しく守る生活なくしてはありえません。

また、すぐれたビジネスマンも同様に、習慣の力をうまく活用して多くの業績を挙げています。経済誌の記事やビジネス書などでは、目から鱗《うろこ》の落ちるような彼らの習慣を垣間《かいま》見ることができます。

良い習慣を身につけた人は、着実に大きな成果を手にしている。習慣作りは、多くの人を魅きつけるテーマとなりました。

若かった頃の私も、そんな「習慣作り」に憧れたひとりです。

「たくさんの本を読破したい！」「ダイエットがしたい！」「語学力をつけたい！」など、やってみたいことはいろいろありました。時間も体力もあって、自分には多くの可能性があると信じていた頃のことです。

「習慣」を身につけるために、「日課表」みたいなものを作ったこともあります。それは「朝5時に起きてランニング、6時から語学の勉強30分、8時から9時までは読書一日〇ページ…」などというハードなもの。案《あん》の定《じょう》続かず、習慣とはなりませんでしたが、その頃は「習慣さえ作れば、自分の人生はもっと充実するはず！」という思いこみで、自分に無理な課題ばかり与えていたようです。

私に習慣作りができないのは、私の努力が足りないから？

あるいは、努力を続ける工夫ができていなかった？

それとも、自分には不可能な高望みをしているんだろうか？

私の無習慣な青春時代

今思えば、勇んで立てた計画がうまくいかなかったのも当然のことでした。当時の私の生活ときたら、それはひどい荒れっぷりで、習慣作りどころではなかったのです。

親元を離れて東京で大学生活を送っていた20歳前後頃のことです。ひとり暮らしのもの珍しさ、解放感に慣れてからは、生活はだれる一方。生活時間は不規則で、起きる時間も寝る時間も勝手気まま、基本的には夜型でした。深夜2時、3時を回っても寝ることはなく、本を読んだり音楽を聴いたり、あるいはただボーッとしたりして過ごしていました。この頃は、ひどい不眠症に悩まされてもいました。

高校までとは違い、大学は登校しなくても誰も何も言いません。朝、起きても頭が重いので、誰かに代返《だいへん》（出席を取るとき代わりに返事をしてもらい、出席記録を作ること。携帯もパソコンも普及していない当時は、そんなことが可能でした）を頼んでは、午前中の授業をよく休んでいた記憶があります。

食生活もひどいものでした。近所にファストフード店とコンビニが全種類あるような学生の多い街に住んでいたので、大して自炊もせず、3食外食やコンビニ食で済ませていました。料理嫌いではなかったのですが、自分ひとりのために火を使う気にならなかったのです。平気で深夜にドーナツを食べたり、朝食代わりにクッキーを食べたりしていました。

よい生活習慣は何ひとつなく、悪しき習慣ばかりを続けたその結果はたちまち、心身の不調となって現れました。血行が悪いためか、貧血気味で低血圧。ビタミン不足で吹き出物と口内炎がかわるがわる現れ、消化の悪い食事で胃が荒れて、いつも胸やけがしていました。舌を見れば真っ白で、体は冷え切っていましたが、その意味も知りませんでした。

若さのおかげか、病気にこそなりませんでしたが、そんな健康状態では、頭に浮かぶ考えも健康なものになるはずもなく、当時の私は、「不機嫌」が服を着て歩いているようなものでした。

よく考えてみれば、そんな状態で習慣作りなど、うまくいくわけがありません。機械ではあるまいし、意志の力だけで、ある日を境に生活をガラリとリセットすることなどできるはずがないのですから。

でも、その頃の私は、そうは思わず、自分の意志の弱さを自分で責めては、ますます落ち込むばかりだったのです。

「時間」と「食」の習慣が人生を変えた！

ところが、就職して社会人になったとき、私の生活は変わりました。さすがに、いつまでもそんな生活のままでは、まともに働くことができないとわかったからです。職場に遅刻するわけにはいきませんから、大きな音の目覚まし時計をセットし、毎朝決まった時間に起きるようになりました。

起きる時間が決まると、自然と一定の時間に眠くなります。毎日、同じ時間に起きて眠るようになり、生活時間が定まっていきました。

規則正しい生活が身につくと、自分の行動を先読みできるようになり、時間に余裕ができてきます。おのずと遅刻や忘れ物が減りました。

外食ばかりだった食事も、ほとんど自炊に切り替え、ご飯とみそ汁、おひたしに焼き魚といった和食中心の食事になりました。するとその途端、嘘のように体調がよくなったのです。

常態と化していた口内炎や胃炎は引っ込み、肌荒れが改善すると、仏頂面《ぶっちょうづら》の代わりに笑顔が浮かぶようになりました。こうなると、人間関係までが俄然《がぜん》よくなってきます。

「人は、食べるものでできているんだなぁ…」

初めて、そんなことを考えるようになりました。

睡眠と食事という、生活の根幹をなす習慣が変わると、自分という人間が根本から変わっていくのがわかります。この頃はもう、人生は憂鬱でつまらないものではなく、自分の力で切り開いていくことのできる、希望に満ちたものだと思えるようになりました。

それまで、睡眠についても食事についても、深く考えたことはありませんでした。

しかし、一度悪化した生活が目に見えて改善してからは、睡眠や食事といった、基本的な生活習慣がいかに重要で、どうかすると人生を大きく変えてしまう影響力を持っているかについて、痛いほど思い知ったのでした。

今度は、家が片づかなくなった

「食」と「時間」の習慣を改めたことで、社会人としてそこそこ順応することができたことは、私のその後の人生にも良い影響を与えました。やがて退社してフリーランスとなっても、健康を保ちつつ仕事を増やしていくことができました。結婚しても、生活にさほど変化はありませんでした。

しかし、自分自身は変わらなくても、環境や条件が変われば、人間の行動は変化するものです。その生活も、子供が生まれた途端、すっかり変わってしまいました。今度は、家の中が片づかなくなってしまったのです。

このときはっきりわかったのは、自分が「片づけ」が苦手だということ。

以前からうすうすわかってはいましたが、大人2人の暮らしでは、それがあまり顕在化せずに済んでいただけのことでした。

大人と子供の最大の違いは、「成長すること」です。

乳幼児期の成長は、びっくりするほど速く、服のサイズは次々に変化します。吐いたり食べこぼしたりはしょっちゅうなので、洗い替えもリネン類もたくさん必要です。哺乳瓶《ほ》にベビーカー、外遊び用の小さなクルマや三輪車、自転車と、必要なモノがめまぐるしく変わります。もちろん、月齢にふさわしいおもちゃも。そしてそれらを「次の子のために」とっておこうとすれば、場所がいくらあっても足りません。

片づかず、モノの多い部屋の掃除は難儀なものです。家族の空腹を満たすための炊事と、しなければ次に着るものがなくなってしまう洗濯は待ったなしですが、それに引きかえ掃除は優先順位が低く、次第におざなりになっていきました。

掃除や片づけは、しなくても済むといえば済むものでありながら、しないでいるとこれほど精神衛生に響く家事もありません。

残業時間も多く、家にいる時間が少ない夫はさほど気にならないようでしたが、一日中子供と家にいる私のイライラは募《つの》るばかり。

イライラを子供に向けるまいと自分を押さえつけると、今度は無気力になっていきます。

これではいけないと、子供が1歳になった頃、一念発起して大々的にモノを減らし、人生初のフリマにも参加しました。その後しばらくは片づけも掃除もラクになり、私はモノの少ない生活に満足したものです。ところが1年もたつと、モノは再び増えていて、私はまたもやフリマに出店する羽目に陥っていました。

ここに至ってようやく、これは片づけに限らない自分の生活習慣に問題があるのだと気がつきました。捨てても捨ててもモノが増えるのは、増えてしまうような生活をしているからだと…。つまり、「これは、産後の一時期だけの問題じゃない。**私という人間の習慣の問題だ。自分のモノの持ち方・買い方の習慣を変えない限り、いつまでたっても片づけの問題は解決しないのだ！**」と。

そう気づいた私は、二度目のフリマの後、自分の行動の習慣に注意することにしました。

自分自身をよくよく観察した結果、自分の行動の変えるべき点がわかってきました。詳しくは後述しますが（付録「ためない暮らしを作る100の習慣」）、習慣を変えていったところ、モノが自然と減っていき、家の中がスッキリしてきました。すると、片づけ下手な私でも、片づけるのが億劫ではなくなり、イライラや無気力に陥ることも減っていったのです。

アレも
コレも…

「ためない習慣」で人生が好転

20歳頃や30代の私が、生活上のトラブルに悩み、苦しんだのは、いずれも何らかの原因によって、暮らしに〝滞り〟が起きていたからでした。

20歳ではそれは「食」と「時間」でしたし、30代では「空間」でした。当時はそれらをうまくコントロールできずに、ずいぶん時間とエネルギーを無駄にしたものです。どれも、人生にとってとても大切な要素なのに、私はその大切さを理解せず、おろそかにし、行き当たりばったりに扱っていました。それが生活のあちこちに滞りを作ってしまい、暮らしの流れに〝詰まり〟が生じていたのだと思います。

その流れが何であっても、〝滞ること〟はさまざまな問題を引き起こします。

クルマの流れが滞ることは「渋滞」となって社会や経済に負の影響を及ぼしますし、借金の返済が滞れば「債務不履行」となり、借金取りに追われます。毛穴に皮脂が滞れば「ニキビ、吹き出物」、腸に老廃物が滞れば「便秘」。いずれも、美容や健康の大敵です。血栓などによって血流が滞り、「脳血栓」や「心筋梗塞」を引き起こせば、もはや生命の危機です。

滞っていいことはありません。**「滞らせない＝ためない」ことは、要らぬトラブルを防ぎ、人生の試練を乗り越えやすくするコツ**かもしれません。

実際、私が経験してきたトラブルの要因に共通していたのは、「ためてしまう」ことでした。不健康な食生活で体に毒素がたまる、不規則な生活によってやるべきことがたまる、考えなしに買ったりもらったりするために家の中にモノがたまる、といった具合です。

しかし、それらを「ためない」暮らしに変えた途端、いろいろなことがどんどんラクになっていったのでした。たとえば、次のような変化です。

- 必要な時間に必要な食事をとらず、不適当な時間に不必要な間食をしていたときは、不眠や便秘に悩んでいた
- ↓食習慣を変えて健康になり、毎日が快適になる
- ↓やりたいことをやる気力が湧いてくる、他人に対する気遣いもできるようになる

●眠るべき時間に眠らず（眠れず）、不規則な生活をしていたときは、たくさんの時間をムダに過ごしていた

↓規則正しい生活が送れるようになると、思考が明快になる

↓やるべきことに適正な時間配分ができるようになる、毎日に達成感が生まれる

●不要なモノだらけの部屋にいると、どんどん気が滅入ってエネルギーが削《そ》がれる

↓部屋の中がスッキリするにつれ、くつろいだ気分でリラックスでき、気力が充実する

↓次のアクションにすぐに移れる、時間のロスがなくなる

「面倒だから」「やらなくてもどうにかなるから」とためていたことを、一つひとつ解きほぐすように改めていくにつれ、それまではできなかったり、やっていても十分な成果を挙げられなかったことが、できるようになったり、パフォーマンスが上がっていきました。

読みたかった本を読む時間が増え、楽器の練習や、英語の勉強をする時間も、無理せず作り出すことができるようになりました。毎日決まった運動をこなすことで、体

力までつきました。どうやら〝**滞り**〟**は、解決されると「やるべきこと、やりたいことを成しとげるエネルギー」に変換される**ようです。

こうして、「ためない」習慣が定着していくにつれ、生活が音を立ててカラカラと回っていくような変化を実感しました。もし私があのまま〝滞り〟のある暮らしを続けていたら、いつまでたってもやりたい勉強や運動に取りかかれないままだったのではないかと思うのです。

「生きるのがラクだな～！」

と感じるようになったのは、毎日同じことを繰り返すようになってからです。

毎日同じ時間に起き、同じ時間に食事をし、自分で決めた課題（多くはとても簡単で、時間も短い）を時間内にクリアし、同じ時間に眠る。そんな生活を、以前は単調で面白みがないと思っていました。でも、慣れるにしたがって次第に余計な力が要らなくなるため、心身共に快適になっていき、毎日が楽しくてたまらないのです。

その単調な毎日こそが、自分を確実に成長させてくれるエクササイズだったのです。

しかも、まったく無理を感じないほどラクチンな。そして、自分自身をコントロールできているという喜びが、単調な毎日を輝かせてくれるのです。

この「無理のなさ」は、常にリラックスした状態を作り出してくれます。リラックスした精神状態では、視野が広くなり、それまで漠然としていた将来へのビジョンが生まれるようになりました。

私の場合、「食」「時間」「空間」に滞りをつくらないように習慣づけることで、行動パターンがフォーマット化され、考えなくても行動が最適化されるようになったことが、その後の人生を明るく、生産的なものに変えてくれたと思っています。

習慣には2種類ある

「ためない習慣」によって、生活をコントロールする術を身につけてからの私は、不思議と、それまでどんなに頑張ってもできなかった「勉強」や「運動」といった習慣作りが、自然とうまくいくようになりました。当時はなんとなく、「最近、調子いいなー」と単純に喜んでいただけですが、この現象を今、よくよく振り返って、「ひとことで〝習慣〟というけれど、習慣には2種類あるんじゃないか？」と思うようになりました。

それまで「習慣にしたい」と願っていたのは、たとえば、

- 毎朝、5km走る
- 週に2冊ずつ、本を読む
- 一日に5ページずつ、資格試験用の問題集を解く

といったものでした。こういった習慣を身につけることで、能力を高め、成長できると思っていたのですが、これらの共通点は「積み上げること」。毎日、毎週、少し

ずつ積み上げることで、最終的に大きな目標を達成していくものだったのです。

生活をおろそかにしていた頃の私には、こうした習慣は何ひとつ身につかず、自己嫌悪と幻滅ばかりを繰り返していました。

しかし、私が最初に身につけることができた「ためない習慣」は、何かを積み上げるものではありません。「積み上げる習慣」に対して、「ためない習慣」は、文字通り「ためない」ことであり、積み上げるよりむしろ「均《なら》す」ものでした。

積み上げることばかりに躍起《やっき》になっていたわりに、うまくいかなかったときの私の生活は、地面にたとえると、大きな岩がゴロゴロ転がっている一方、陥没した箇所に水がたまっているような、整地されていないデコボコの土地でした。

そんな土地に、何を建てたってうまくいくわけがありません。にもかかわらず、その頃の私は「習慣さえ作れば、自分の人生は充実するはず！」という思いこみで、自分に無理な課題ばかり与えていたのです。

それが、「ためない習慣」によって次第に岩が取りのけられ、陥没箇所が埋められるにしたがって、「積み上げる」行動がスムーズになりました。そして、それまで無駄に費やされていた「積み上げる」エネルギーが少しで済むようになり、気がつくと自然に、やりたかったことができるようになっていったのです。

「習慣には、〝積み上げる習慣〟と〝ためない習慣〟があって、この二つは分けて考えた方がいいんじゃないか――？」

習慣作りに苦しんだ私は今、そう思います。

自分にとってよいものや、自分を成長させてくれそうなことはなんでも取り入れて、習慣にしたいものですが、「積み上げる」と「ためない」を同列に扱い、同時に身につけようとすると、どうもうまくいかないのです。もしかしたら、「積み上げる習慣」に先んじて、「ためない習慣」を身につけた方がいいのではないでしょうか？

考えてみれば、誰の人生も、最初はでこぼこ道なのかもしれません。

人によってはそのでこぼこが大きかったり、落石が散乱していたりしていて、まっすぐ歩いていけない。平らに均された、歩きやすい道が最初から与えられる人もまれにはいるでしょうが、多くの人は、自分の人生の歩きにくさを嘆きながらも、一生懸命に生きています。

「ためない習慣」を身につけることは、でこぼこを均し、舗装するようなもの。

建築物を建てる前には、建てるものに合わせて土地を造成します。上に建てようとするものが立派で大きいほど、きちんとした造成が必要になるでしょう。起伏の激しい、水の出るような土地であればなおさらです。平らで堅固な土地なら、望み通りの建物を建てることができます。

つまり、**自分が本当にやりたかったこと、やらなければならないことがやりやすくなり、より多くを成しとげることが可能になる。それが、「ためない習慣」の効用です。**そういう意味で、「ためない習慣」には、「積み上げる習慣」以上に、人生を変える力があるかもしれません。

身につける習慣が2種類あるのは面倒に思えますが、身につけるやり方には、大きな違いはありません。ただ、それぞれの習慣が異なる性質を持っていることと、どちらを優先すべきなのかを理解しておくことは、長い目で見て、習慣作りをやりやすくしてくれるでしょう。

「ためない習慣」でしっかりした生活習慣の基礎を築いた上に、あるいは築きながら同時に、「積み上げる習慣」で理想を実現していくのが、現実的で合理的なやり方だと思います。

グラ
グラ
夏服
想い出
こども用品

「ためない習慣」とは？

では、2種類の習慣は実際のところ、どんなものが該当するのでしょうか。

「積み上げる習慣」は、一般的に次のようなものです。

- 勉強・研究・執筆（入試、資格取得、発表、出版など）
- エクササイズ・練習（スポーツ、音楽など）
- 貯金・投資

このほか、実現したい夢に向かって準備し、一つひとつ必要なパーツを集めていくような習慣は、「積み上げる習慣」といっていいでしょう。


これに対して「ためない習慣」は、一見とても地味です。それもそのはず、「積み上げる」のが目に見えて何かの形を作っていくのに対して、「ためない」は、

「元に戻す」

「常に一定の形を保つ」

ことが目的なので、一見しただけでは、変化や成長が感じられないかもしれません。それは、「ためない習慣」が、基本的に**「生きることをスムーズにするための習慣」**だからです。具体的には、次ページのようなものです。栄養素でいえば、「積み上げる」がタンパク質（肉）や炭水化物（ごはん）、「ためない」がビタミンや無機質（野菜）といったところでしょう。

野菜が嫌いな人は、カロリーも食べごたえも少ない野菜をおろそかにしがちです。しかし、ビタミンや無機質が欠乏すると体調を崩すのと同じように、「ためない習慣」をおろそかにしていると、そのときすぐには問題が顕在化しなくても、心のどこかにひっかかりが生まれます。

放置すればそのひっかかりは大きくなって、不安やイライラとなり、そのうちに〝滞り〟がさまざまな問題を引き起こすようになります。しかし、**「あとあとタイヘンになることがわかっているのに、つい面倒でなおざりにしてしまう」ことこそ、ためずに習慣化してしまえばラクになるのです。**

「ためない習慣」（家事など）を誰かにやってもらっている人も、その人が家事をで

住居に関わる習慣

- ☐ 住居を適切に片づける　☐ 住居を掃除する
- ☐ 住居を適切に管理する　☐ 住居に必要な補修をする

家庭生活に関わる習慣

- ☐ 家族が必要な世話をする　☐ 高齢者の健康を管理する
- ☐ 子供の健康を管理する
- ☐ 子供の教育に関する活動に参加する
- ☐ ペットの世話をする　☐ 植物の世話をする

社会生活に関わる習慣

- ☐ 各種の支払を管理する　☐ 事務処理をする
- ☐ 親戚との交際　☐ 近隣との交際　☐ 個人的な交際

●「ためない習慣」とは……

体の健康・衛生・美容に関わる習慣

- ☐ 適切な睡眠をとる　☐ 入浴で体を清潔に保つ
- ☐ スキンケアで肌を清潔に保つ
- ☐ オーラルケアで歯の健康を保つ
- ☐ ヘアケアで髪を清潔に美しく保つ
- ☐ コンタクトレンズを清潔に保つ
- ☐ 必要な薬を服用する
- ☐ 必要な運動をする

食生活に関わる習慣

- ☐ 必要な食事を適切な時間にとる
- ☐ 必要な食品・栄養素をとる
- ☐ 必要な食事を自分で作る　☐ 必要な食品を買い整える
- ☐ 食品を適切に管理する　☐ 調理器具・食器を清潔に保つ
- ☐ 不適切な食品を避ける

衣服・服飾品に関わる習慣

- ☐ 衣服を洗濯する　☐ 衣服・服飾品を適切に管理する
- ☐ 必要な衣服・服飾品を手に入れる
- ☐ 衣服・服飾品を適切にコーディネートする
- ☐ 不要な衣服・服飾品を適切に処分する

きなくなった途端、同じことが起こるでしょう。

といっても、「ためない習慣」を克服して、すっかりできるようになるまで「積み上げる習慣」に取りかかれないわけではありません。トラブルが起きたり、「積み上げる習慣」がうまくいかなくなったタイミングで、生活を修正・補完するように、「ためない習慣」を見直していけばいいのです。

穴を埋め、足元を固めることでトラブルを減らした方が、遠回りに見えても「積み上げる習慣」の獲得をスムーズにしてくれ、同時に生活の質も向上するはずです。

習慣は自由をもたらす

「積み上げる習慣」に比べて成長を感じにくく、地味なイメージのある「ためない習慣」ですが、実は私たちを解放し、自由にしてくれる存在でもあるのです。スポーツや芸術における「基礎練習」のようなものといえるでしょうか。

ピアニストで音楽教育者の岩崎淑《しゅく》さんは、著書『ピアニストの毎日の基礎練習帳』（春秋社）で、自らが毎日最低30分かけて練習するメニュー（スケール、アルペジオ、3度）を紹介し、その練習を欠かさないことで「ジョギングやストレッチで身体を鍛えるのと同じように、10本の指がいつのまにか強くなり、力まなくても、自然に、楽に、弾けるようになっていることがわかると思います」と書かれています。

若い日、数々の国際コンクールに出場・入賞し、多くの著名な音楽家とも共演してきたプロのピアニストも、毎日の基礎練習を欠かさないことで、演奏のクオリティを保ち、向上させてきたのです。

２０１４年、２０１８年冬季オリンピックの金メダリスト、男子フィギュアスケートの羽生結弦《はにゅうゆづる》選手もまた、基礎練習に多くを負っていました。あの目の覚めるような4回転ジャンプを成功させるために、羽生選手はジャンプの練習ではなく、まるで初心者が行うような基礎練習に長い時間を割いたのだそうです。ジャンプは飛ばず、決められたテンポで決められた図形を正確に描く、地味で単調な練習を、何度も何度も繰り返しました。

子供の頃からイヤというほど繰り返してきたであろう地味な基礎練習ですが、さらに繰り返し行うことで精度がどんどん上がっていきます。それが結局は高度なジャンプを成功させ、羽生選手を金メダルに導いたのです。

音楽家やアスリートにとっての基礎練習は、もはや「積み上げる習慣」ではなく、自らの技術を錆《さ》びつかせず、一定の水準に保つための「ためない習慣」なのでしょう。10本の指が思い通りに動くこと、氷の上で安定した正確な動きができることは、プロにとって基礎中の基礎。その基礎があってこそ、彼らは自らのイマジネーションを表現し、人々を瞠目《どうもく》させるパフォーマンスを行うことができるのです。「ためない習慣」が、彼らに自由を与えているといえるかもしれません。

スケールは違えど、「ためない習慣」は私たちにとっても同じ自由をもたらしてくれるものではないでしょうか。


必要なときに、必要なものが探し出せる自由。

起きたいときにきちんと起き、待ち合わせの時間に余裕で間に合うことの自由。

スッキリした家でくつろぐ自由、冷蔵庫の材料でおいしいものが作れる自由。

ピアニストの指が鍵盤の上を、スケーターが氷の上を自由自在に動けるように、私たちもこの小さな生活の中で、自由自在に動けたなら、毎日はどんなに輝くでしょう！「ためない習慣」をひとつでも増やすことで、それは実現していけることだと思います。

自分自身をコントロールできているという喜びが、

単調な毎日を輝かせてくれる。

第2章

習慣作りの基本ルール

「ためない習慣」を身につけるには？

夢を現実のものにするために、努力を重ねていくには「積み上げる習慣」が必要です。でも、それがうまくいっていないなら、ぜひ「ためない習慣」ができているか、見直してみてはどうでしょうか。

「ためない習慣」は、衣食住を中心とした基本的な生活習慣です。それらがすべて、子供の頃に徹底的に身についている人は幸運です。きっと、よい家庭で、上手な躾《しつけ》を受けることができたのでしょう。そんな人は、「積み上げる習慣」の下地がすでに完成しているので、身につけるのがスムーズなはずです。

しかし実際は、そういう人は案外少ないのかもしれません。そうでなければ、もっと多くの人がやすやすと習慣作りに成功しているでしょう。

「ためない習慣」は、基本的なものであるだけに、「そんな簡単なこと、自分はできているはず」と思いこんでいたり、「今はできていないけど、そんなことはすぐに身につく」と、たかをくくっている場合も多いものです。

私ができていなかった「食」や「睡眠」、「片づけ」といった習慣も、自分ではそれができていないことや、できていないことによって自分がどんなに時間やエネルギーを無駄にしているかについて、気づいていませんでした。

そして、それに気づいた後も、習慣を修正するには、それなりに時間がかかりました。長年繰り返してきた行動をあらためるのに、いっぺんに何もかも変えようとしてもうまくいきませんでしたし、習慣の修正を急ぎ過ぎたことで、かえってすぐに挫折してしまいました。

では、意志の強くない私が、習慣作りや習慣の修正に成功したのは、どんなときだったでしょうか？　それは、いつも次のようなときでした。

- **気負わずに始めた**
- **一度の負担をできるだけ小さくした**
- **やることをなるべく単純にした**
- **小さな成果がすぐに出た**

● 完璧を目指さなかった

「意気込み過ぎず小さく始めて、続けるうちにすぐ小さな結果が出て、続けること自体が面白くなった」ときが、いちばん習慣が定着し、長続きしたと思います。

習慣を身につける難しさを、ここでは一つひとつ解きほぐして、どうすれば習慣が身につくのか、どうしたら継続できるのか、考えていきたいと思います。

一度にひとつだけ

私もよくやってことごとく失敗しましたが、一度にたくさんの習慣を課し、守ろうとすることは、たいていの人にとって、かなり大きな負担なのではないでしょうか。たとえ、その一つひとつが簡単なものであってもです。習慣を身につけようとするときは、なるべく、「一度にひとつだけ」と心がける方がいいようです。

新しい習慣は、今までの生活スタイルを、大なり小なり揺るがすものです。それが自分で選んだ、どんなに自分にとって必要な習慣であっても、新しいものは異質な存在です。新しい習慣を一度にたくさん導入しようとすれば、生活は大きく揺らぎ、それはストレスとなります。

ある生活習慣病が専門のお医者さんに聞いた話です。

糖尿病や高血圧といった生活習慣病は、文字通り患者さんの生活習慣が原因となって引き起こされます。これらの病気には、外科的治療や投薬よりも、患者さん自身の意識を改善し、生活習慣を変えることの方が、はるかに効果的で、医療費もかさみません。

当初そのお医者さんは、患者さんに改善してほしい生活習慣をずらりと並べて、それをすべて守ってもらおうとしていました。もちろん改善案の医学的理由や、生活習慣が患者さんのQOL（クオリティ・オブ・ライフ、生活の質）にとっていかに重要かを、やさしくていねいに説明した上で、です。

しかし、患者さんの大半は、その改善案をまったく守ってくれず、治療は効果を上げませんでした。

お医者さんは悩み、すっかり困り果ててしまいました。「私が患者さんに言っていることはすべて正しいし、守ってくれさえすれば確実に病状は改善するのに、なぜうまくいかないのだろう」と悩んだあげく、

「患者さんは、自分たちのような医学の知識があるわけではない。その上、多忙だったり、高齢だったりすれば、一度にいくつもの改善点をワーワー言っても理解できなかっただろうし、混乱してしまっていたのだ」

ということに思い至り、それまでの指導を反省したそうです。

それから、「一度にひとつだけ、患者さんが守れるレベルの改善点を提案する」という治療方針に変えたところ、患者さんとのコミュニケーションもうまくいき、治療は効果を上げるようになっていったということです。

私たちはたぶん、自分で思っているよりもずっと繊細な存在です。私たちの生活は、必ずしも確固とした不動のものではなく、トランプで作ったタワーのように、危ういバランスの上に成り立っているのかもしれません。だから、生活に新しいものが入ってくればどうしても混乱するし、強いストレスにさらされればすぐに動揺してしまいます。

生活というタワーを、理想にかなう高いものにしようとして、一度に５枚も10枚ものカードを急いで積み上げようとすれば、衝撃と重みに耐えられず、崩壊してしまうかもしれません。

体のために薬を点滴するとき、ゆっくりと時間をかけるのは、一度にたくさんの薬を体内に入れることで、ショックを起こしてしまうことがあるからです。治療のための薬が、かえって健康を損なってしまっては、元も子もありません。

「一度にひとつだけ」とは、「絶対にひとつしかやってはいけない」という意味ではありません。**新しい習慣は、なるべく負荷をかけずにゆっくりと導入していく方が、ストレスも少なくて済み、長い目で見れば定着しやすい**ということです。実際は、複数の習慣を並行して習得していくことは可能です。

しかしその場合も、あれもこれもと欲張ることがないよう、定着しつつある習慣Aの上に、様子を見ながら新規の習慣Bを重ねていくなど、自分が習慣作りに振り回されていないか自問しつつ実践していく方がいいでしょう。

すいみん
食
そうじ
グラッ
ジョ
洗
歯みがき

ブレイクダウンする

「一度にひとつだけ」というルールを考えるとき注意したいのが、習慣には、〝大きな習慣〟と〝小さな習慣〟があるということです。

なかなか習慣が身につかなかったり、いったん身についてもすぐに崩れてしまうことはしばしばあります。そんなとき、「どうしてこんな単純な習慣が身につかないんだろう？　私って本当にダメ人間…」などと自分を責めてしまうことがありますが、これはもしかしたら、その習慣が〝大きな習慣〟だったからかもしれません。

一見シンプルで、簡単に身につきそうに見えるのに、実は身につけるのがとても難しい、ハードルの高いものがあります。これが〝大きな習慣〟です。

〝大きな習慣〟は、シンプルに見えるけれど、よく見るとその中には、いくつもの小さな習慣が隠れているものなのです。

「早起き」がそのいい例でしょう。

「今までより○分早く、○時に起きる」。これ自体はたいへんシンプルな目標です。

これだけなら、目覚まし時計を今までより○分早くかければいいだけですから、誰でも翌朝からすぐにできそうに思えます。

それなのにこれができない。何度やってもできない。意志が弱いから？　よく眠れていないからでしょうか？

こんなときは、早起きという概念を一度、因数分解してみましょう。バラバラにして最小レベルに分解して、もっと小さな習慣にブレイクダウンできないか、やってみるのです。


「朝、○時に起きるためにはどうしたらいいか？」

- 今までより○分早く寝る
- 就寝時間が変わって寝つけないなら、安眠のために、前の晩の食事を、消化のよいものにする
- 毎朝の目覚まし時計のアラームを「強」に変える
- 晩酌をしていたなら控えるようにする
- 翌朝すぐに起きて行動できるように、着替えなどの準備をしておく

●寝室が暗くてもすぐに行動できるように、手元に照明を補う

………

「早起き」とひとことでくくってしまうと、ずいぶん簡単な習慣のように思えますが、それが長年できずにいたなら、早起き以前に、これらの「改善しておくべき小さな習慣」がたくさんあったということかもしれません。

つまり、〝大きな習慣〟を分解して〝小さな習慣〟に変換し、それぞれ2週間かけて身につけていけばいいのです。時間はかかるかもしれませんが、最終的には〝大きな習慣〟である「早起き」が実現するはずです。

「ためない習慣」がある程度できていた人、パワーがあって意志が強い人は、こんな風に「因数分解」などしなくても、下位の小さな習慣が無意識のうちにクリアできるでしょう。しかし、そうでない人にとっては、まず、自分が取り組もうとしている課題の大きさを明らかにすることが先決です。

たとえ、自分の手に余るような大きな課題だったとしても、ひるむことはありません。巨大なピラミッドも、最小単位まで分解すれば、人力で運ぶことのできる大き

ブレイクダウンのしかた(例)

課題:朝○時に起きるにはどうしたらいいか?

今までより○分早く寝る → 就寝前のネットサーフィンをやめる

今までより○分早く寝る → 晩酌を控える

今までより○分早く寝る → 前の晩の食事を消化のよいものにする

目覚まし時計のアラームを「強」に変える

携帯のアラームも鳴らす

寝室が暗くてもすぐ行動できるようにする → 手元に照明を補う

さ・重さの石の集まりです。**大きな課題は、切り分けて、自分が処理できる大きさにブレイクダウンしてしまえばいいのです。**

身につけたい習慣が一日に1時間も2時間もかかるようなものでは、長く続かず挫折してしまいかねませんが、それを「1回15分」など、自分に必ずできるサイズに分解することで、無理なく続けることができるでしょう。ちなみに、人間の集中力の周期は15分単位と言われているそうです。

ブレイクダウンして、一度にこなす量を減らせば、トータルでの時間はかかります。しかし、続かないような大量の作業を自分に課して、結局挫折してしまうよりは、時間をかけても、コツコツ気長に取り組んで目標を達成させる方がいいのではないでしょうか。

２週間かける

一度に身につけられそうなサイズの習慣がひとつ身につくまで、だいたいどのくらいの期間が必要かというと、おおむね２週間くらいのようです。それは、一般に人間の体の状態が変わるのに、２週間くらいを要すると言われていることからです。

たとえば、

「まずは２週間のお試しを」

などと、サンプルが２週間分になっている化粧品やサプリメントは多いのですが、これは、成分による効果が現れるのに２週間程度かかるためです。２週間後によい効果が現れれば、ずっと使ってもらえるでしょうね！

また、ある栄養士さんに聞いたお話では、生活習慣病の改善のため、患者さんに「薄味のあっさりメニュー」を提案すると、こってりメニューの好きな患者さんは、最初抵抗が大きいものの、２週間すると薄味に慣れ、不満を言わなくなるそうです。舌も、今までと違う味に慣れるのに、２週間程度かかるのです。

会社のメタボ検診にひっかかりたくない晩酌愛好者たちは、検診前にだけ断酒するのだとか。高めの血糖値や肝臓のデータの数値を下げるために、食事もローカロリーのものに切り替えるのだそうです。

それを検診の2週間前くらいから始めると、検診時にはうまく正常値に戻って、数値をクリアできるのだと聞きました（その後また暴飲暴食していては意味がないのですが…）。

このように、体が変わるには2週間が必要ですが、その前提には、結果が出るような「行動」が2週間続く必要があることになります。

サプリメントや化粧品を使い続ける行動、薄味の料理を食べ続ける行動、お酒を飲まないことを選択する行動…。新しい「行動」が、何らかの成果をもたらすほどに体を変えるには2週間が必要で、その頃やっと、行動は定着して「習慣」となったといえます。

2週間が必要なのは、美容や健康など、身体的な変化をもたらす習慣ばかりではありません。自分を変えるためには、行動を変えることが必要になりますが、その定着にもやはり、2週間程度かかるのは同じです。私自身、過去に「習慣」と呼べるものがある程度定着した経緯を振り返ってみると、やはり10日から2週間程度を要しています。

このことから、習慣を身につけるのに、最低2週間はかけることをおすすめします。もちろん、「一度にひとつだけ」を守りながらです。

ただし、覚えておきたいのは、「2週間で習慣が身につく」のはあくまで〝一日〟に過ぎない、ということです。ダンスでいえば、振りつけを覚えて、とりあえず1曲を通しで踊れるようになった状態であって、決して「上手に」踊れているわけではありません。

習慣が身につき、一時は軌道に乗ったと思っていたのに、いつの間にか元に戻ってしまった経験が、誰にでもあるでしょう。「2週間で身についたら、もう一生なくならない」のではないのです。

「2週間にひとつの習慣が身につく」というと、「2週間にひとつ身につくなら、1年間で26の習慣が身につく！」と、捕らぬ狸《たぬき》の皮を数えてしまいがちですが、やはりそれはちょっと楽観的過ぎです。

でも、いいのです。2週間は、形が身につく一応の目安で、〝納期〟〝締め切り〟ではありません。もし、深く身についていないようだったら、2週間を1クールとして何回か繰り返し、定着を深めていけばいいだけなのです。

2週間と期限をきるのは、それが一応身につく最低限の期間であるとともに、期限をきることで、限られた時間を意識するためでもあります。提出期限がある宿題を早く終わらせようと頑張るように、限定され、切り取られた時間は、期限を何も定めない時間よりも有効に使えるものです。

2週間という短い期間ですから、最初からたくさんの目標を掲げるのではなく、

「どうしてもこれだけは身につけたい！」

というものをひとつ選び、まずはそれに専心することをおすすめします。

たとえそのひとつに何週間、何か月かかったとしても、本当に身について生活を変えることができたなら、素晴らしいことです。今までできなかったことができるようになる、しかも、生活の中に組み込まれて自然にできるようになったら、それだけでも世界は変わると思いませんか？

そして逆説的なことですが、**ひとつできるようになると、不思議なことに、今までできなかったほかの三つ、四つ、あるいはもっと多くのことが、以前よりラクにできるようになる**のです。

たとえば私はかつて、「朝食のお皿を洗う」のを億劫がって、なかなか取りかかれず、そのため朝にやるべき他の家事までダラダラ終わらずにいたものですが、いつの頃からか、お皿洗いがスムーズに処理できるようになると、他の家事まで、まるでつられるようにしてできるようになっていきました。それほど、「最初のひとつ」の力は偉大です。

ひとつ変われば、10変われる。

それを繰り返しているうちに、最初は無理だと思われたいろいろな習慣が、いつの間にか身についていくかもしれません。

モチベーション喚起のヒント

「一日15分、英語ニュースのリスニング」などと決意を書いて貼ったり、ヤセたら着る予定の服を壁に吊るしたりしたことは数知れず。どれも、習慣作りのモチベーションを長続きさせるためでした。でも、なかなかうまくいきませんでした。

自分を励ますためにこうやって掲げた目標は、時間が経つうちに目が慣れてしまい、いつの間にか単なる〝風景〟と化してしまうことが多かったのです。

習慣作りが難しいのは、それが往々にして「楽しくないこと」だから。「早起きする」「片づけ・掃除をする」「運動する」――どれも、身体的にはラクでなく、単調で面白みのないものです。

やりたくないことを継続するためには、何らかのモチベーション（動機づけ）が必要です。そのために、紙に書いて掲げたり、写真や絵にして飾ったり、手帳にはさんで持ち歩いたりすることは、意味のないことではないでしょう。

しかし、それだけでは単なる「飾り」に終わってしまう恐れがあります。やはり

「目標」は、掲げるだけではなく、「日々の習慣」と常につなげて考えることが大切です。

また、面白くない作業なら、少しでも面白くするための工夫も必要です。**面白くないことをするには、自分が好きなものと組み合わせてしまうのがいい**ようです。

「掃除がつまらない→好きな音楽と組み合わせる＝その曲を聴いている間だけ掃除する」

「洗濯物畳みがつまらない→面白いテレビと組み合わせる＝洗濯物を畳みながら、録画しておいたお笑い番組を見る」

仲のいい人とおしゃべりしながら（電話でも可）やるのも、つまらない作業をあっという間に終わらせるコツです。

また、ちょっとしたツールを使って楽しさを演出することも、目先を変えて作業を楽しくしてくれます。

たとえば、「早起き」の習慣を身につけたいなら、うんとデザインのよい目覚まし時計を手に入れて、目覚めるのが楽しくなるようにするのもいいでしょうし、タイマーで好きな音楽がかかるようにセットしておくのもいいでしょう。

最近、カタログで愉快な目覚まし時計を見かけたのですが、それは時計本体に車輪がついていて、止めようと手を伸ばすと逃げ出す仕組みになっていました。ベッドから出て追いかけねばならず、どんな寝起きの悪い人でも目が覚めてしまうというコンセプトで、思わず笑ってしまいました。

モノに頼るのは、あまり頻繁だと効果が薄れてしまいますが、要所要所に取り入れるのは有効です。お掃除グッズにおしゃれなデザインのものを探したり、素敵なエプロンを新調するのは、特に女性に効果があるようです。

また、近年はＩＴ技術によって革新的なツールも現れ、工夫の幅が広がっています。たとえば、スマートフォンのアプリや専用ガジェットには、スケジュール管理や健康管理ができるものが次々と現れ、どれも人気です。

食事記録のアプリでは、ソーシャル機能を取り入れて、他のダイエッターと励まし合えるものがあったり、身につけるタイプの健康管理ガジェットには、歩いた軌跡の高低差や距離数、消費カロリーまでわかり、さらにそれがグラフ化されるなど、運動が楽しみになるような機能が搭載されているものがあります。睡眠の質を計ることが

面倒くさい……
でも
目標に近づくわ♡
美しい部屋
整頓
そうじ
美
片づけ
美
そうじ
グッズ
片づけ
整理
くふう
片づけ
コーデ
片づけ

できるものもあります。

習慣それ自体は、地味な努力以外の何ものでもありません。しかし、その**積み重ねの上に、目標となる理想が輝いています。その落差を心の中でつなげることができたら、今日の努力は「夢のひとかけら」とポジティブにとらえることができるでしょう。**

目標が一枚の大きなジグソーパズルだとしたら、一つひとつの習慣は、パズルのピースの一個のようなものです。一個はまるたびに、パズルは完成に近づくのです。どんな大きなパズルも、たくさんの小さなピースでできている。そう考えることができたら、習慣も楽しく続けていけるはずです。

準備することの大切さ

目標を掲げてモチベーションを上げ、工夫することで継続を図ること以上に大切なのが、「準備しておく」ことです。

どんな仕事でも、その多くは「準備すること」で占められています。

お菓子作りなら材料の用意と計量が、インタビューならアポイントをとることが、統計調査ならデータを回収すること、つまり準備することが最も大切であり、準備が仕事の半分を占めるといっても過言ではありません。

どんなに立派な目標を掲げても、どんなに楽しい工夫で自分をだましても、基本的には楽しくないことを自分にやらせるのであれば、それだけでは十分ではありません。習慣を継続させるには、周到な準備が必要なのです。

身につけたい習慣が「毎日朝食を作る」であれば、「炊飯器のタイマーをセットし、みそ汁のだし用の煮干しを水に入れ、野菜を刻んでおく」準備が、「ジョギング」であれば「ウエアや靴を出しておく」準備が、「気づいたとき、すぐに繕い物をする」

であれば、「前もって何本もの針にあらかじめ糸を通しておく」準備がそれに当たります。

自分が陥りそうな落とし穴を先回りして埋めておき、ちょうどいい位置に履物を置き、しかも温めておく。「ここまでやっておいてあれば、あとはもうやるだけ」というところまで準備しておくことで、**自分の「やりたくない言い訳」「やらない理由」を、前もってつぶしてしまう**わけです。

つまり、自分のために下ごしらえをしておいてやり、お膳立てをしておいてやる、ということです（私はこれを、主君・信長の草履を温めておいた故事にちなんで、習慣作りにおける「ヒデヨシ」と命名しています）。

自分のために自分で準備するなんて面倒くさそうですが、実はそんなに大したことではありません。準備はあくまでも「下ごしらえ」。走る準備は、走ることそのものに比べれば全然つらくはないものです。自分のためにやっているのにもかかわらず、下ごしらえをしているうちはなぜか当事者意識が湧かず、「他人事」のように感じるからのようです。

さらに、自分でやっておいたくせに、「準備」の恩恵を感じるときはすっかりそのことを忘れているので、

「えっ！　これ、やってあったんだ。助かる～！」

と感激し、**思わず過去の自分に感謝してしまいます**。

「準備」の上に築かれる結果は当然よいものになるので、自信もつきます。そうなるともはや、「準備」なしには取り組めなくなってしまいます。

習慣に限りませんが、何かやろうと思うことがあるなら、必ず前の晩から始めるとうまくいくようです。「明日から心を入れ替えて頑張る！」などと決心したならなおさら、翌朝からではなく、今夜のうちに「準備」をしておきましょう。**明日は明日から始まるのではありません。明日は今日、すでに始まっているのです。**

「準備」をしておくことで、翌日のためにやることをやった、という充実感、安心感とともにぐっすり眠れるでしょうし、翌日はスムーズな滑り出しで、その後の一日もきっとうまくいくに違いありません。

「やめる」習慣の作り方

ここまで、「いかにして○○する習慣を身につけるか」についてお話ししてきましたが、時には「身につける」を逆回転させることが必要になることがあります。つまり、「すっかり身についてしまった好ましくない習慣をやめる」＝「○○しない習慣を身につける」ことです。

あなたにも、やめたいのにやめられない、困った習慣・クセがありませんか？「甘いものがやめられない」「煙草やお酒がやめられない」といった健康上の問題に、「咳《せき》払い」や「舌打ち」のような、ちょっと困った身体的なクセ、すぐに「すみません」と言ってしまう口グセ、「つい悲観的に考えてしまう」などの、考え方のクセ——。

習慣のいいところは、**一度習慣として定着してしまえば、それ以降は考えなくても自動的にその行動が生活に組み込まれてしまう**ことです。

それが自分にとって都合のいい行動であれば、これほどラクなことはありませんが、逆に、心や体の健康を害するなど、自分にとって都合のよくない行動である場合は、非常に厄介です。何しろ、何も考えずについ、その行動をとってしまっているわけですから、なかなか行動を修正することができません。

たとえば私が困っていた習慣（クセ）に、「無意識に歯を食いしばる」ということがあります。歯科治療中に歯科医に指摘されてわかったのですが、それまでは、自分がそんな行動をとっていることにまったく気がついていませんでした。ＩＴ化や社会的なストレスの増大により、私と同様の習慣で、気づかないうちに歯を損なっている人は非常に多いのだそうです。

歯科医は、「食いしばってるな、と気がついたら直すように努めてください」とアドバイスしてくれました。

そこでさっそくＰＣ画面のヘリに付せんを貼って、それを見たら食いしばりをチェックするようにしてみましたが、付せんはすぐに〝風景〟になってしまい、結局効果なし。歯を食いしばることで生ずるデメリットがいまひとつ理解できていなかったこともあり、習慣を改善するモチベーションはあまり上がりませんでした。

「自分が意識していないことを自分で直す」のは非常に難しいことです。問題点や、それによるデメリットがはっきりと見えないからです。

見えないものは、結局のところ、ないも同然なのです。よくないとわかっていても、ついついそれを直すのがおろそかになってしまったり、後回しになってしまうのは、「見えていない」から。**見えていない問題点を解決するためには、問題点の「見える化（可視化）」がまず必要**になります。

しかし、それをどうすればよいかわからないまま日がたっていきました。

そうこうするうちに、食いしばりによる悪影響はさらに進み、このままでは歯がボロボロになってしまうかもしれないということがわかりました。そうなれば、多額の費用と健康上のリスクが発生します。治療には、数十万単位のお金がかかるかもしれないということでした。

食いしばりのデメリットが数字（お金）で見えてくると、現金なもので、俄然、何とかしなければと対策を考え始めました。「かかる金額の算出」は最大の「見える化」かもしれません。

意識していない食いしばりを解除するためには、まずそれに気づかなければなりません。私は試行錯誤して以下のような方法を編み出し（？）ました。

感覚に対する感性は、視覚が優位に働く人と聴覚が優位に働く人に分かれるようです。私は視覚よりも聴覚優位タイプらしく、目で見るものには鈍感で、人の顔などなかなか覚えられない割に、音には比較的敏感です。

そこで、タイマーを使って30分とか1時間ごとにアラームを鳴らすようにし、アラームが鳴ったら食いしばりをチェックすることにしました。

四六時中ピーピー音がするようになったのには閉口しましたが、この効果はてきめんで、しばらくこの方法を続けた後は、ふと我に返るたび、自分に対して「歯！」と呼びかけ、上半身をストレッチするなど、食いしばりを解除する運動ができるようになりました。まだ完全ではありませんが、この習慣は続けていこうと思っています。

さらに、食いしばりのクセを直すにあたっては、

「やめなかったら治療費がかさむ↓やめられたら費用が浮くので、好きなものが買える！」

と考えることにし、それを励みにしました。私の愛読している雑誌に連載している

ある作家さんが、禁煙し、煙草代を貯金していったら、毎年海外旅行に行けるようになった、と書いていらしたのを思い出したのです。

「やめる」習慣の獲得は、「身につける」よりも難しく、明らかなメリットが見えにくいところがネックです。ですから、**やめることによるメリットをいかに「見える化」して自分にご褒美を与え、モチベーションを高めるか**が、成功のカギとなると思います。

「やめたい習慣」

やめたい習慣、クセ	対策	やめないデメリット	やめるメリット
例）お酒を飲み過ぎてしまう	毎日の晩酌を週２日に減らす	・健康を損なう ・お金がかかる	・今より健康になれる ・ヤセる（かも） ・毎月約〇〇円の節約になる

＊やめたい習慣やクセについて、書き出してみましょう

目標が一枚の大きなジグソーパズルだとしたら、

一つひとつの習慣は、

パズルのピースの一個のようなものです。

一個はまるたびに、パズルは完成に近づくのです。

第3章

暮らしの悩み別 習慣作りのコツ

どんな習慣を身につけるか

さて、まずはどんな習慣を身につければいいでしょうか？

「有名人や憧れの人が実践している習慣」や、「ビジネスに役立ちそうな習慣」に真っ先に飛びつく前に、「**自分が今、最も困っていること**」に焦点を当ててみてください。それはどんな「困った」でしょうか。

答えはいつも、問題の中にあります。自分に今いちばん必要な習慣は、今いちばん困っていることの中にあるはずです。

ここでは、20～50代の男女から寄せられた、日常の中での「困っていること」と、それを「習慣」に落とし込む方法や考え方をまとめてみました。あなたが今、困っていること、習慣にしたいことがあれば、ひとつの参考にしていただき、実際の問題解決に役立てていただければ幸いです。

片づけ・掃除

モノをつい出しっぱなしにしてしまう

「散らかっている」とは、「出しっぱなしのモノが多い」こととほぼイコールです。忙しい人はどうしても、使ったモノを元に戻せない傾向が強くなるのですが、中には、忙しさとは関係なく戻せない人もいます。趣味の多い人や、好奇心旺盛な人にありがちです。

こういう人は、関心の対象が移りやすく、次々にいろいろなことをしようとするので、「戻す」作業が追いつかず、置き去りにされてしまうのです。

この**「元に戻す」習慣は非常に大切で、「使う→戻す」という一連の作業が習慣になっていることは、片づいた部屋を保つ最大の要素**であり、必要なモノをすぐに取り出すことができる必須の条件なのです。

「元に戻す」習慣は、子供の頃から厳しく躾けられた人以外にとっては容易なことではなく、なかなかできないものですが、大人になってからこれを習慣にすることは、決して不可能ではありません。

私自身、「元に戻す」ができないタイプで、中でも悩みだったのは、「料理中に出した調味料や調理用具を元に戻せない」ことでした。

油や醤油《しょうゆ》、砂糖、スパイスといった調味料を、料理しながら次々と取り出すのはいいのですが、調理に精一杯で、気がつくと料理が終わった後の調理台には、取り出した調味料の容器がずらりと並び（しかもフタが開けっぱなし）、使った食材の残りが散乱し、盛りつけのためのスペースを確保するのが大変。食事が終わった後も、シンクに鍋などの調理用具を入れっぱなしのため、食器が洗えません。

調味料はフタこそ閉めても、「またすぐ使うしいいや」と、そのまま調理台の上に並べっぱなしで、台所がいつもゴチャゴチャして見えました。

しかし、台所に限らず、この「使ったらしまう」ができていないことにより、自分がいかに不利益をこうむっているかに気づいた私は、

「できる限り、気がついたらしまう」

ことを習慣づけようと努めました。

「しまう」こと自体はとても単純な作業ですが、使ってから放置した時間が長くなるほど、しまう手間がより面倒なものになるということがわかったからです。

最初は「使ったらすぐにしまう」ことはなかなかできず、「調味料のフタはすぐ閉める」「使い終わった調理用具や食器は、洗いやすいようにシンクに配置する」「ラクにしまえるようにするため、収納場所が窮屈でないようにモノを減らす」ことを徹底するにとどまりました。

しかし、それができるようになってくると、調理も、片づけも、次第にラクになります。そうなってくると、その先にある「使ったらすぐにしまう」ことも、いつの間にかできるようになっていきました。

つまり私の場合、「使ったらしまう」習慣の前には、「使った後、しまいやすいように配慮する」という習慣のブレイクダウンが必要だったのです。少しでもしまいやすいように処理してあれば、実際にしまうことはそんなに難しいことではなかったのです。

出しっぱなしにしていたときは、「後でまとめてしまうからいいや」と漠然と思っていましたが、「まとめてやる」は作業量がどんどん増えてしまい、時間が経過するほどつらくなります。

「使ったらしまう」習慣を意識するようになってからは、

「今、しまわなかったら私はきっとずっとしまわない！　今、しまっておけば後でラクができる！」

と自分に言い聞かせるようになりました。

「後で、まとめて」よりは、「その都度すぐに」の方が、面倒に見えて、あとあとラクなのです。時間はかかりましたが、自分に言い聞かせることを続けることによって、この習慣は台所だけでなく、いろいろな場所で根づいてきました。おかげで今は、かつてに比べると片づけ全般がだいぶラクです。

「使ったらしまう」を習慣づけたい人は、モノを取り出したときから、「これはしまうんだ、しまうんだ」ということを強く意識することを心がけることが必要です。

すぐには習慣づかなくても、そのうち、出しっぱなしのモノを見たときの自分の反応が変わってきます。それまでは、出しっぱなしのモノを見ても何とも思わなかったところが、「しまわなきゃ！」と手の方が先に反応するようになります。

片づけ・掃除

出しっぱなしにするならこんな習慣を

そうは言っても、

「適切な収納が少ない」

「出して使う時間が長い」

などで、どうしてもしまえない事情もあるかもしれません。また、使ったらしまう習慣をなかなか身につけられない家族もいるでしょう。

そんな場合は、

「出しっぱなしでも散らかって見えない置き方」

を習慣にしましょう。

散らかっている部屋をごく簡単に表現すると、

「直線がない空間」

と言うことができます。

服はハンガーに掛けられることもなく、椅子の背に無造作にひっかけてあったり、洗濯物がソファにバサッと投げ出されていたり。

本棚を見れば、倒れている本があったり、背のタイトルを見せずに積み上げられた本があったりします。

食卓の上には、食べかけのお菓子が袋のまま置かれているかと思えば、化粧品や雑誌、財布や鍵などが乱雑に放り出してある。

規則性のない、ランダムな空間です。どこにも「直線」の要素がありません。こういう置き方をしてしまう習慣を変えることで、部屋は少しずつ片づいていきます。

いちばん先に効果が上がるのは、

「**床（畳）の上に置いたものを片づける**」

ことです。

空間をすっきり広々と見せるためには、なるべくたくさんの〝平面〟を作ることが大切なので、床に置いたものをなくすことで、部屋の印象は大きく変わります。しまえなくても、目につかない場所に寄せるだけでも、食卓の脚やフローリングの直線、畳のへりなどの〝直線〟がはっきりし、空間に秩序が感じられるようになります。

次に効果が出るのは、「**布類をまっすぐにする**」ことです。

テーブルクロスの歪みを直し、クッションを並べ直し、服はハンガーにかけます。洗濯物は、畳めないならカゴに移します（床に置いてもＯＫ）。最も直線が作りにくい「布」にきちんとした形を与えることは、空間をスッキリさせるための早道です。

余裕があれば、食卓の上を整理しましょう。無理ならしまわなくてＯＫです。ただ、同じ形・同じ色・同じ大きさのカゴをいくつか用意し、持ち主別・または種類別に分けて、食卓の上のモノを分類し、一列に並べます。丸いカゴであっても、これで「直線」を感じさせることができます。

食卓の上には、同じ数のモノが置いたままだとしても、カゴという枠を与えたことで、空間には秩序が発生し、もう乱雑には見えません。

本棚の本も、とりあえず背を見せて並べることで、簡単に直線を作ることができます（はみ出す本は処分しましょう）。

スーパーマーケットや博物館には、驚くべき大量のモノが陳列・展示されていますが、決して乱雑には見えません。それは、モノが種類別に整理分類されているのと同時に、空間に規則性、直線の要素がたくさんあるから。

毎日の習慣で、「直線」を作っていくとき、自分の動作に次の三つの行動を入れてみてください。

・**重ねる**（同じ種類のものは、大きさ順に重ねる）
・**揃える**（重ねられなくても、同じ方向にまっすぐ揃えて置く）
・**畳む**（布など不定形のものは、なるべく畳む）

「重ねる・揃える・畳む、重ねる・揃える・畳む」

三拍子で唱えると覚えやすく、行動しやすいので、ぜひ試してみてください。

片づけ・掃除

掃除機をかけるのが面倒

「掃除機を毎日かける」

この簡単に思える習慣のハードルの意外な高さは、私自身、常々感じてきましたし、今まで家事についてお話を聞いた方たちの中にも、掃除機かけに苦手意識を持つ方は少なくないことがわかっていました。

掃除機かけは、「掃除機」という家電がやってくれる家事に見えて、

「さまざまなモノをよけて掃除機のヘッドを動かす」

「あらかじめ床の上を片づける」

「重い掃除機を家じゅう引っ張って歩く」

という、実は複数の作業をともなう、意外に面倒な家事なのです。

最近は、自動で床を動き回ってくれるお掃除ロボットが人気で、とても良い家電だと思いますが、それがうまく活用できるフルフラットな家ばかりとは限らず、また、価格もまだまだ高価です。

ホコリは、家族が家にいる時間が長いほど増えます。一方、どんな最新型の掃除機を導入しても、「やる気」は搭載されていません。「やる気」の代わりに、「面倒くさい理由を一つひとつつぶす」方が早道のようです。**努力してもなかなかできない習慣に関しては、自分自身ではなく環境・システムを変えることでできるようになるかもしれません。**

面倒くさい理由1　床の上のモノがじゃま！

↓なるべく家具を減らす／掃除機がかけやすいレイアウトを工夫する
↓床にモノを置かないことを習慣づける
↓掃除機をかける人と、床に置いてあるモノをどかす作業を別の人が分担する

面倒くさい理由2　掃除機かけに時間がかかる

↓自分が掃除機かけに要している時間をストップウオッチで計ってみる。合理化しながら、ゲーム感覚で少しずつタイムを縮めていく

面倒くさい理由３　家具の隙間などが掃除しきれずストレスがたまる

↓家具と壁の間の狭いすき間を、掃除機のヘッドが入る分だけ空間を空ける
↓組み立て式の棚の最下段は、掃除機のヘッドが入る高さに調節する（使えない空間が増えても、掃除機かけがラクになる方を優先する）
↓狭い場所用の掃除機の付け替えヘッドをエプロンのポケットに入れて一緒に持ち歩き、付け替えながら掃除する

面倒くさい理由４　掃除機のコードが短い

↓延長コードをつけ、１フロアがいっぺんに終わる長さにする
↓コードレス掃除機を導入する

面倒くさい理由５　階段や２階に掃除機をかけるのが面倒

↓階段だけ、箒《ほうき》やフロアモップを採用
↓２階専用掃除機を置く

また、意外にも、「掃除が嫌いというより、掃除機が嫌い」という人も一定数いるようで、そういう人は無理に掃除機をかけるより、フロアモップや箒の方が気分がよいそうです。

実は今や私もその一人で、家じゅうフロアモップと箒で済ませており、要所要所にコードレス掃除機をかけるだけですが、十分ホコリはとれます。コードレス掃除機は軽くて機動力がありますが、パワーが弱く電池のもちが悪いことがあるのが難点。ただし、手早く終わらせることができれば戦力になります。

大切なのは、家にホコリをためず、家族みんなが気分よく暮らすこと。何を使ってもいいのです。習慣の力で、家を気持ちよく保ちたいですね。

どうにかしなくちゃ…
イラッ
ブチ
ウイ〜〜…
ガツ

役立ちそうなチラシ類がたまってしまう

ＰＣやスマホが普及した今も、「暮らしに役立ちそうな情報」は、まだまだ紙で入ってくるものです。「新規オープンのお店の折り込みチラシ」「新聞や雑誌に掲載されていた、作ってみたいレシピの切り抜き」「ダイレクトメールに同封されていた優待チケット」のような紙類は、「いつか役立つかも」「いつか使うかも」と思えば捨てられませんし、実際に使うまではたまる一方です。

紙というのは、「集約された情報を一覧できる」点において非常にすぐれているのですが、それを整理分類して保存するためには、高度な処理能力が必要となります。一枚一枚が薄いので、家のあちこちに分散してしまいやすく、きちんと保存することができなければ、結局は肝心なときに出てこず、役に立ちません。

これらを考えると、紙の情報の保存には、

「一か所で集中管理する」

「情報が検索しやすいようにしておく」

の両方が求められます。しかし、紙は集まると非常にかさばり、一枚一枚が区別しにくくなります。また、次々に新しい情報が入ってくると同時に、古くなって不要になる情報が随時発生します。常に情報を整理しつつ更新していかないと、家が役に立たない紙でいっぱいになってしまいます。

その事態を避けるためには、ひとつには「その情報の最も重要な部分（ＵＲＬや名称、住所などのキーワード）のみをスマホのメモ機能に取り込み、紙本体は捨てる」を習慣にしてしまいましょう。インターネットなどで検索が可能なら、紙は必ずしも必要ないからです。

とはいえ、中にはネットで探せない情報もありますし、すぐに手元で探したいこともあるでしょう。その場合は「スマホで撮影して保存しておく」のが一番です。細かな文字や小さな写真も、ＰＣの大きな画面で拡大して見れば問題ありません。スマホで情報を共有すれば、出先でも情報にアクセスすることができ、便利です。

機種変更や紛失の際、データが消失してしまう危険がありますので、大切なデータはクラウド上・ＰＣ上など、二重にバックアップをとっておきましょう。

片づけ・掃除

バッグの中がいつもゴチャゴチャ

外出時の荷物がいつも多くなってしまう、という人がいます。慎重で几帳面な性格で、いろいろな場面を想定し、どうしてもたくさんのモノが必要になるようです。そういう人は人に頼られます。出先で「アレがない！」というときいつも、サッと差し出してくれるからです。

「ないときはあの人に聞けば持っているかも」と思われているので、「出先で聞かれたとき、なかったら困る？」と、また荷物を増やしてしまう。堂々巡りでなかなか荷物を減らせません。

しかし、これでは他人のために荷物を持ってあげているようなもの。それが苦でないのならいいのですが、荷物が重くてかさばる上に、バッグの中がいつもゴチャゴチャで、自分のために何かを探し出すのもひと苦労…というのなら、ここで一旦、悪循環を止めて、「**持ち歩く荷物を減らす**」という新たな習慣を身につけましょう。

極端な話、財布ひとつあれば外出はできるのです。スマホや、Suicaなどの交通カードがあれば、財布すら必要ではありません。モノが少なければ、小さなバッグでも、ゴチャゴチャになることはなくなります。

仕事や生活によっては、荷物を減らせない人もいるでしょう。その場合は、

●文具店やバッグ店で買える仕切り用の内袋（バッグインバッグ、バッグオーガナイザーなどの名前で売られています）を使ってバッグを整理する

●内袋の各ポケットに、ラベルやタグをつけるなり、「財布」「携帯」などと大きくはっきり書くなりして、ひと目でわかるようにカスタマイズする

といった工夫をします。その上で、

「外出用の荷物は、前夜必ず準備しておく」

「空き時間には必ずバッグの中を整理する」

といった、小さな習慣を積み重ねていくことも必要でしょう。

気をつけなければならないのは、持ってこなかったものを、出先ですぐ買ってしまうこと。これでは、ビニール傘やエコバッグなどは、増える一方です。「天気予報が怪しければ折りたたみ傘を持つ」「すべてのバッグにレジ袋やエコバッグを入れておく」ことで、〝うっかり買い〟を防ぎましょう。

片づけ・掃除

家族に片づけさせたい

新型コロナの影響で、家族が家で過ごす時間が長くなっています。そうなると当然のこととして、家の中は以前より散らかるように。家の居心地は悪くなり、テレワークやオンライン授業にも響きます。

そうならないように、家族に片づけを習慣づけさせたい。でも、

「片づけなさい！」

といくら言っても効果がなく、困っている——。こんなことはありませんか？

自分以外の人間を、自分の思い通りに動かすことほど難しいことはありません。たとえそれが家族であってもです。家族といえども、自分と同じ人間ではなく、自分の都合に合わせて生きているわけでもありません。

「自分の思う通りに人を動かす（ここでは、片づけさせる）」ということは、「自分ではない人間の時間を、自分のために使わせる」ということです。目的はどうあれ、そんな都合のいい話はなかなか通りません。

人に何かをやらせたいなら、自分の要求をつきつけるのではなく、その人の身になって考えてあげる必要があります。そうでなければ、人はなかなか動いてはくれません。

具体的には、

「その人がやりやすいように仕向け」

「抵抗をなるべく減らし」

「やることをなるべく少なくし、わかりやすく指示してあげる」

ことだと思います。

家族にやらせたいのが毎日の片づけであれば、

「一日のどのタイミングで、何を、どのようにして、どう片づけるのか」

というきわめて具体的な作業内容をまとめ、なおかつ、家族が抵抗を感じないように、なるべくソフトに指示することでしょう。

さらに、それを長く継続させるためには、作業内容に不備があっても、頭ごなしに叱ったりあげつらったりすることは避け、感情を出さずにやり直しをお願いします。

また、指示するときに大切なのは、

「その人ができるかどうか」

です。

いくらそれが正しいやり方であっても、その人が現実にできなければ意味がありません。あくまで、**その人のその時点の能力に落とし込んだ形で指示を与えてあげることが大切**です。レベルが低くても、続けてさえいれば、上げていくことは十分可能です。そのためにも、

「置く（掛ける）場所を作る」

「どうすれば置きっぱなしにしなくなるか考える」

「動線を考える」

など、あらかじめ家族が片づけやすいお膳立てをしておくことも役に立ちます。

ただ「片づけなさい！」のひと言で、自分が思っている「片づいた状態」をもたらすことは不可能です。

「自分が望む通りの100％」を期待せず、下手くそであっても、「片づけた！」と胸を張る家族には、ねぎらいのひとことを。やってくれただけ大したもの、素晴らしいことです。ほめて、感謝して、明日につなげ、習慣にしていくことの方が大切です。

ころも替え
終ったけど、
収納は
あなたの方が得意よね!!
前のシーズンも
キレイだったわ〜♡
あ、
うん。

片づけ・掃除

仕事の机がグチャグチャになりがち

在宅ワークが日常化すると、家庭は混乱します。

個別の仕事机や書斎を持たない人が、ことによると複数、家の中に仕事を持ち込むことになるのですからタイヘン。リビングが〝にわかオフィス〟になっているお宅も少なくないようです。食卓を仕事机にしているうちに、家の書類と仕事の資料が混ざってしまったり、何かを紛失したり。

もちろん、ホームオフィスだけでなく、仕事場が会社に戻ったとしても、仕事机の上の整理整頓は重要課題です。家庭にあっても気分よく仕事をし、オフィスでは同僚や上司に不快な印象を与えないためには、疲れていても、

「一日一回、仕事を終えるときだけ片づける」

習慣をつけましょう。片づけるのは一日一回だけですが、1分もあれば机の上に空きスペースを作ることはできますし、翌朝きれいに片づいた机に向かうことになり、作業効率も上がります。

片づけやすくするには、

「**紙を種類ごとに分類しておくこと**」

が大切です。机の上に紙類を積み上げておく習慣は、探し物の時間を増やし、机の面積を減らしますから、紙類はなるべく「立てる」習慣に変えた方がいいでしょう。

分類の具体的な方法としては、次のような工夫をおすすめします。

- **インデックスやタグのついたクリアファイルで仕分け**
- **机に付属するワゴンの引き出しに、ハンギングバーを使ってファイルを引っかける**
- **「小さい」「少ない」など、紛れ込んで見失いがちな資料は、インデックスファイルで仕分け**

これらは、家庭の紙資料の整理にも共通して使える方法です。

紙以外の物品も、小物入れや仕切りを用意して、なるべく「定位置」に戻しましょう。また、共有物品は、使ったら早めに返却しておくこと。

一日に一度片づけて、きれいな机を自分と他人に見せておくことは、ともすれば忙しさにどんよりしがちなオフィスでの自分を、元気づけてくれるはずです。

洗濯・炊事

洗濯物をすぐに処理できない

「夕方取り込んだ洗濯物がソファや和室の畳の上に積み上がり、一向に片づかない。気がつくと、その〝山〟から直接着替えを取り出している」

というのはよく聞きます。

夕方以降といえば、家事のゴールデンタイム。夕食作りだけでなく、子供やお年寄りをお風呂に入れ、食事の後片づけをして、子供の宿題をみたり、後から帰宅した家族の食事の世話をしたり…と、息つくヒマもありません。

その中で、緊急性の低い「洗濯物の処理」は、どうしても後回しになります。ヘタをすれば何日も片づかず、新しい洗濯物が上へ上へと積み上がり、層をなすこともあります。

本来なら、「洗濯物はすぐ畳んで、しまう習慣」が身につくといちばんいいのでしょうが、「洗濯物を取り込む」から「畳んだ衣類をしまう」までには、実はいくつもの段階があるので、それらをいっぺんに習慣づけるのは至難の業です。それでは洗濯を担当する人だけが疲弊する可能性があります。

忙しくてその余裕がなく、こうなってしまっているのなら、自分にできる範囲で解決していくしかありません。まず、いちばん困っていることが何かを洗い出し、それに対応した習慣を身につけましょう。「畳んですぐしまうべき」という思い込みに苦しめられることはありません。

●部屋が片づかず、居心地が悪い
↓乾いた洗濯物はソファや畳の上ではなく、カゴに入れておき、上にきれいな布をかけて目隠しする
●着替えを探しづらい
↓取り込むとき、家族各人のカゴ＋1（タオル等用）に分けて入れていく
●乾いた洗濯物を入れたカゴが場所を取る
↓同じ形の重ねられるカゴにし、積み重ねておく
●〝層〟の下になった衣類がシワになる
↓仕分けたカゴを各自に渡し、自分で畳んでもらう

このとき、「せっかく畳んだのに、収納に戻せない」事態が発生することがあります。それはたいてい、収納がいっぱいで、畳んだものを戻しづらい場合なので、収納の中身を見直し、不要なモノを処分するなどして、空間に余裕を持たせると解決します。

家族によっては、「洗濯物を畳む」という習慣がなかなか根づかない人もいます。そもそも、「畳む」という行動に意味を感じない人もいます。そんなことでケンカを繰り返して、家庭を険悪な雰囲気にするのはイヤなものです。

そんな人には、「畳む」以外の、その人にできる習慣を身につけてもらうよう、交渉しましょう。その家族の洗濯物に関しては、Tシャツに至るまで、すべてハンガーで乾かし、靴下などの小物は小さなピンチハンガーで乾かし、そのまま渡すのです。

目的が、服を畳ませることではなく、服を収納することであるなら、「ハンガーを自分の収納スペースに掛け、そこから服をとって着る」が習慣になってくれれば、それでいいのではないでしょうか。

洗濯・炊事

ちゃんとした料理が作りたい

家族の在宅時間が増え、外食の機会も減ると、単調な生活の楽しみは、家での食事ぐらい――となると、

「ちゃんとした料理をしなきゃ」

というプレッシャーを感じている人も多いでしょう。

本当は、栄養バランスさえとれていれば、仕事や子育てに忙しい人が、料理まで一から手作りしなくてもいいように思います。忙しい人が出来合いのものや冷凍食品を上手に使うことは、決して非難されるべきことではありません。しかし、「ちゃんとした料理」を作ること自体が、心を癒し、生活の質を上げることも確かです。

では、忙しくてもできる「ちゃんとした料理」と、それが作れる習慣とは何でしょうか。

お料理記事やレシピサイトと首っ引きで新しいレシピを探すのもいいでしょう。でも、他人に教えてもらう料理は、案外一度しか作らないことが多いのです。

目新しい、見栄えのする料理を追うよりも、毎日のふつうのごはんを「ちゃんとした料理」にするには、「自分でだしをひく」が近道です。特に和風だしは、やり方によってはとても簡単にひけるので、これを習慣にしてしまうとよいでしょう。

味噌汁であれば、**「寝る前に、煮干しを水に浸しておく」**で済んでしまいます。煮干しは二つに裂いて頭とワタをとり、乾煎《からい》りしておくといいといいますが、そこまでせずとも、買ってきた煮干しそのままでも十分おいしいだしがとれます。味噌汁が「ちゃんとしている」だけでも、満足度はアップします。

かつおと昆布のだしはひくのが面倒に思いますが、作り置きしておけばラクです。**週に一度、だしを多めにひいて製氷皿などに入れて冷凍しておき、少しずつ使う**という方法もあります。最近では専用のポットが売られているので、それを活用するのもおすすめです。このだしを使えば、おひたしも煮物も卵焼きも、「ちゃんとした料理」に格上げされます。

「ちゃんとした料理」のもうひとつの条件が、**「野菜をたくさん使う」**こと。

外食で野菜がとりにくいのは、仕込みに手間がかかる割に値段を高く設定しにくく、儲からないためでしょう。自炊の場合も、下ごしらえに手間がかかるため、忙しいと、どうしても野菜の種類は少なくなってしまいます。

しかし、多くの種類の野菜が使われた料理は、カロリーは低いのに栄養価が高く、見た目も美しく、満足度は高くなります。

「ちゃんとした料理」を作るには、手間がかかる野菜の下ごしらえを習慣にしてしまうのがベストでしょう。生で、切っただけで食べられる野菜のほかに、次ページのような野菜のストックがあると、料理が飛躍的に充実します。

下ごしらえをする時間やゆとりがないなら、冷凍や水煮の野菜を利用しましょう。最近ではさまざまな種類の野菜が、下ごしらえされた状態で売られています。

あまりいろいろな野菜料理を作ることができないなら、味噌汁だけは、自分でだしをとり、複数種類の野菜を使った〝具だくさん〟にすることをおすすめします。そして、味噌は厳選したものを使いましょう。

デリバリーや、お惣菜を利用しながらも、毎日のごはんに一品だけでも「ちゃんとした」ものを作るのは、自尊心を保つ上でも、健康上も、とても役に立つ習慣だと思います。

根菜

買ってきたら、洗って土を落としておく。
→これだけで、調理に取りかかるハードルが下がります。

葉もの（ホウレンソウなど）

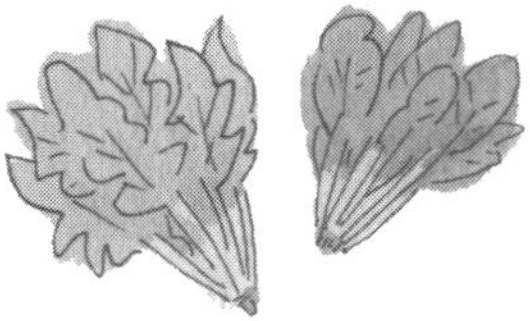

買ってきたら、束ねていたテープや紐を切って、ボウルに張った水につけておき、土を落とす。土が落ちたらすぐにゆでるか、ラップにくるんで電子レンジ加熱してから、冷水にとって絞っておく。
→かさが減り、何にでも使えます。

キャベツ、白菜、大根

1）ひと口大に切ってゆで、好みの油と塩こしょうでマリネにしておく。
2）ひと口大に切って、軽く塩もみしておく。
→ かさが減り、そのまま食べることも、料理に使うこともできます。

ゆで野菜

ブロッコリー、にんじん、カリフラワーなど数種の野菜をひと口大に切ってゆでておく。
→水分が出ず、彩りがきれいなので、お弁当にも向きます。

なす

ひと口大に切って水にさらし、水気をとってから素揚げしておく。
→和洋中、いろいろな料理に使えます。揚げたものをだし醤油に浸し、おろし生姜や青ジソを載せただけでも、一品になります。

かぼちゃ

ひと口大に切って電子レンジで蒸しておく。
→塩をふったり、マヨネーズで和えるだけでも一品に。

洗濯・炊事

食材を腐らせてしまう

特売のチラシにつられてたくさん買い込んだはいいけれど、食材が多過ぎて使い切れず、結局腐らせてしまった…。そんな経験を何度もしてきたなら、なぜそうなってしまったのかを考える必要があります。

原因は必ずしもひとつではありません。それがわかった上で、それぞれの原因に即した対策を立て、今までの習慣を改めればいいのです。

たくさん買い過ぎてしまうのは…

●「おトク」「節約」という文句に弱いせいだ

↓結局節約になっていないので、買う量を減らし、適正な量だけ買うようにする

↓「安いもの」ではなく「必要なもの」を買うようにする

●自分が消費する食材の量がわかっていないせいだ

↓1週間で消費した食材の量を計量してみる

●予算を立てずに買っているせいだ
↓予算を立て、その予算の範囲内で、現金で買うようにする
↓生協やネットスーパーなど、金額が把握できる宅配購入に変える
●日常に変化がなく、買うことが気晴らしになっているせいだ
↓食材ではなく、花や本など、心の栄養になるものを買うようにする

腐らせてしまうのは…
●安いから買った同じ食材が続き、飽きて食べなくなってしまうせいだ
↓安くても、同じ食材を大量に買わないようにする
↓同じ食材をさまざまに調理するレシピを探す
↓保存食のレシピを探す
↓おすそ分けしたり、共同購入する仲間を探す
●忙しくて料理する暇がないせいだ
↓自分の忙しさを自覚し、大量に買わないようにする
↓生鮮食品ではなく、冷凍や缶詰など保存のきく食品を買うようにする

●家族が少ないのに、売っている食品の量が多過ぎるせいだ
↓買ってきた直後に小分けして冷凍するなど、ひと手間かけて保存する
↓少人数用食材の宅配サービスを利用する

このほかにも、「たくさん買い過ぎるなら、買わなければいい」という単純な解決法からはみ出していくような、いろいろな原因があり、対応策があるでしょう。それは一人ひとり違っているはずで、自分にしかわかりません。

しかし、困っていることがあるとき、解決法のヒントは必ず、問題そのものの中にあるものです。それを見つけ出し、新たな習慣とすれば、問題はむしろ、快適な暮らしへの手がかりとなってくれるでしょう。

時間の使い方

忙しくなると、家事が後回しになってしまう

少子高齢化社会を反映して、育児、地域や学校の仕事、介護や看護、家族のための雑用と、ひとりの人にたくさんの役割が期待されがちです。そこに外での仕事（場合によってはテレワーク）が入ってくれば、自分の時間を削らねば追いつきません。

その中でいちばん後回しにされるのは、いつも家事。報酬をもらっているわけではないし、人に見せるものでも、おざなりにしたからといって人に迷惑をかけるものでもないのですから、仕方がないというか、当然かもしれません。

家事は、掃除、洗濯、食事作り、買い物にゴミ出しと多岐にわたるのに、ひとつでも欠ければ不自由します。必要な家事のすべてをこなすには、一つひとつを簡単なものにしていかなければムリ。たとえば、冷凍食品や市販のお惣菜の手を借りる、洋服はまとめ洗いしてアイロンはかけない、干した洗濯物から直接着替えを取り出す、掃除はなるべく最低限で済ませる…。

家事の能力がとりわけ高い人や、家事に十分な時間やお金がかけられる人がこれを

「手抜き」と非難したり、見下したりするのは酷でしょう。誰もが家事が得意なわけでも、好きなわけでもないのですし、家事に余分な時間をかけられない人の方が多いのです。

ただ、あまりに家事を簡略化しすぎると、暮らしの質が下がり、満足度も低くなっていきます。食事がワンパターンになったり、家の中が殺伐としてくると、今度は家庭の雰囲気が暗くなったり、仕事や勉強に響いたり。

そのため、その家庭ごとにこだわりのある分野については、なるべく手をかけ、メリハリをつける方がいいようです。

たとえば、「掃除はそこそこだけれど、食事だけは手をかけて作る」とか、「週に一度まとめて洗濯してアイロンもかけないけれど、家の中はいつもきちんと片づける」とか。自分の好きな家事、上達したい家事が何か、的を絞った上で重点的に注力していくことで、満足度は上がります。

一方、あまりに多くの家事を外注したり、省略することで、自分自身の満足度が下がることがあります。これは、**「家事」それ自体に、人を癒す作用がある**からなので

出汁のアクとり、
心落ちつくわあ～♥

はないでしょうか。

「シャツにアイロンをかけていたら、仕事の悩みを忘れて無心になれた」

「煮込み料理をコトコト作っていると、心が落ち着いてくる」

「部屋を片づけたら、気分までスッキリしてきた」

家事の心に及ぼす影響は無視できません。

「忙しい毎日にも、気持ちが落ち着く家事を頑張り過ぎずにやる」には、「**こだわりのある家事はていねいに、その他は簡素に**」という習慣で、うまくいくのではないかと思います。

時間の使い方

仕事が大変で、プライベートがおろそかになる

これは長らく男性に多い悩みでしたが、女性の社会進出とともに、今では男性だけのものではなくなってきているようです。むしろ、女性の方が、家庭や社交に負わされているものが大きいため、悩みはより深いかもしれません。

家族で話す時間を持ったり、子供の学校行事に参加したり、夫婦間で記念日を祝うなど、家庭で過ごす時間はとても大切ですが、忙しいと次第に省略されてしまうようになります。家族だから、「忙しい」と言えば理解してくれるし、甘えられるからです。

しかし、あまりにそれが続けば家族の間もぎくしゃくしてくるでしょうし、長い年月の後々に響くこともありえます。家族を大事にしないツケは高くつくものです。

昔の友達と声をかけ合ったり、新しく知り合った人と交友を深めたり、社交も人生を豊かにしてくれます。それなのに、忙しさを理由に、誘ってもらっても「また今度」と断り続けたり、時間がないばかりに、せっかく知り合った人との交流が途絶えてしまうこともあります。とてももったいないことです。

バリバリのキャリアウーマンとして働く私の友人は、いつも忙しく、休みも合わないこともあり、昔の友達の誘いをいつもパスしてきました。そうせざるをえない働き方だったこともあります。

ところが、あるとき大きな病気をしたことがきっかけで、昔の友達の誘いをなるべく断らないようになりました。いつも電話をしたり、食事をしたりする仕事仲間は大勢いたものの、その人たちは休日に会えたり、本当につらいとき、苦しみを打ち明けられるような友達ではなかったことに気づいたのだそうです。

そもそも、人生で「家族・友人」と「仕事」のどちらがより重要でしょうか？　中には「仕事」という人もいるでしょうが、「家族・友人」の方により価値を置く人であれば、こちらを優先した方がいいでしょう。

家族や友人との関係を大切にするためには、彼らと過ごすための時間を、仕事よりも先に予定に入れてしまう習慣を持つとよいと思います。**「天引き貯金」のように、仕事よりもプライベートを、無理矢理にでも先につっこんでしまう**のです。その上で仕事をやりくりするのです。

直接会えない期間が続いても、せめてＳＮＳやオンラインのおしゃべりでコミュニケーションを絶やさずにいることで、リアルで会う機会も設定しやすくなるでしょう。

「この仕事が暇になったら…」「定年になったら…」と、未来に持ち越す気でいても、それを待っていられるほど、残りの人生は長くないかもしれません。**大切にしたいことを優先する習慣は、限られた人生を有効活用するために役に立ちます。**

時間の使い方

ネットサーフィンをしてしまう

パソコンを使った作業をしていると、どうしても陥ってしまうネットサーフィンの魔力には、誰しも覚えがあるはずです。知りたいこと、興味のあることが次々に目の前に現れて、いくらでも検索できるのですから、放っておかれればいつまでもネットサーフィンし続けてしまいそうです。スマホが普及した今、いつでもどこでも「ググって」しまえるようになりました。

しかし、作業の間の手待ち時間の暇つぶしだったはずのネットサーフィンが、気がつけば夢中になるあまり、本来の作業を遂行できなくさせるようでは困ります。また、仕事が終わったプライベートの時間であっても、あまりにネットサーフィンに時間を奪われて、家事や他のやるべきことができなくなってしまうのならば同様です。

人間の意志など弱いものです。暇な時間とパソコン・スマホがあって、いつでも接続できるインターネットにアクセスせずにいるのは、よほど意志の強い人でもないと難しいでしょう。普通の人がその誘惑に負けずに済むには、あらかじめネットへの接続を切断してしまうのがいちばんです。

自宅のパソコンであれば、少し面倒ですが、基本的にブラウザを閉じておき、自分で決めた時間だけ接続し、使い終わったらそのたび切断しておくことを習慣にして、アクセスのハードルを上げることで、ダラダラとネットサーフィンすることを回避します。

そういう意味では、困るのは意外に、職場のパソコンでしょう。勝手に回線を切断するわけにもいかず、職種にもよりますが、ずっと画面を見つめている仕事だと他の社員にもわかりづらいので、ついついネット画面に切り替えてしまうかもしれません。

職場でのネットサーフィンをやめるには、次のような対策を。

- モニターの向きを他の社員から見える角度に変えてみる
- ネットサーフィンしてしまいそうな時間帯に、アラームが鳴るようセットしておく

今や、かつてのテレビのダラダラ視聴がネットサーフィンにとって代わった観があります。時間をムダにしたくないのであれば、ネットサーフィンは「(電車などで)移動中だけ」「昼食後の余った時間に」など、時間を決めて楽しむ方がいいのかもし

れません。

インターネットはすぐに答えをくれますが、そのために思考力や記憶力が落ちてしまうという研究もあるようです。

「あーっ、あれ、何て言ったっけ」

と、私も言葉が出てこないことが増えました。以前はすぐにネットで検索していましたが、最近、なるべく自力で思い出すことを習慣にしつつあります。

たとえば、『マグノリアの花たち』という映画のタイトルが思い出せなかったときは、頭に浮かんでくる単語（白い、ガーデニア、ルイジアナ、シャーリー・マクレーン、ジュリア・ロバーツ……）を片っ端から書き出しました。かなりの時間がかかりましたが、「マグノリア」という言葉がふっと浮かんだときは、飛び上がりたいほど気分がよかったものです。

「アレが思い出せない」と思ったとき、急ぎでないのなら、**関連しそうな単語を全部書き出し、時には絵を描いて、なるべく自力で思い出してみましょう**。20分くらい考えて出てこなくても、別の作業を始めたときに、ポッと思い出すかもしれません。その達成感は、なかなかの快感ですよ。

時間の使い方

遅刻グセをなくしたい

友達との集まりにも、待ち合わせにも、なぜかいつも遅刻してしまうという人がいます。決して早朝の集合でなかったり、皆の中でいちばん現地に近いところに住んでいたりしても、遅刻するのはなぜ？

遅刻グセのある人は、往々にして、おおらかで楽天家です。遅刻するつもりはなく、集合や待ち合わせの時間もちゃんとわかっているのですが、「あと3時間もあるから」「たった3駅だから」と、安心要素だけを見て、準備を怠ってしまいます。

家から現地までの所要時間や交通事情にしても、あらかじめちゃんと調べてはいるのですが、楽観的に読んでいるところがあるようです。見積もっている時間も、ギリギリのタイトなものだったりします。

外出の用意もせず、テレビなど見てゆっくりしているうちに、「もうこんな時間！」となり、慌てて出ると、財布や携帯といった大切なものを忘れて取りに戻ったり、焦って電車の乗り換えを間違えたりと、時間をロスしてしまいます。かくして、到着する頃には、待ち合わせの相手はイライラ…。

こんな経験を一度ならずしていたら、「遅刻する人の習慣」は改めて、「間に合う習慣」を身につけましょう。

●**自分を信じない**（P157参照）。「自分は遅刻するものだ」という前提で行動する。

●**準備する**（P69参照）。前日のうちに、当日必要な衣類や持ち物をすべて用意し、電車の時刻表なども最新のものを調べておく。所要時間は5~10分の余裕をみて割り出し、それに基づいて家を出る時間を決める。途中のアクシデントに備え、待ち合わせ相手の連絡先（なるべく複数）を携帯や手帳などに必ず記録しておく。

●**5分前行動**。確実に時間を守りたいなら、自分で決めた時間よりもさらに5分前倒しして行動する。そのために、家の時計を5分進めておくのもよい。

「大げさな。そこまでしなくても…」と思うかもしれませんが、一度ここまでやってみてから考えましょう。決して遅刻しない人は、こういうことが習慣になっている人です。少し早く着き過ぎたときは、文庫本を読んだり、携帯ゲームでもしていればいいのです。

時間の使い方

休日なのに休んだ気がしない

忙しい日々が続くと、たまの休みにはゆっくりして、疲れを癒したいと思うものでしょう。

しかし、同じ忙しさでも、それが在宅ワークだったり、人数を減らしたオフィスで同僚との交流が画面越しだったりすると、また別の疲れがたまってくるもの。仕事にメリハリがつかず、区切りがついてもモヤモヤした気分が残ります。

休日といっても、遠出ができるわけでもなく、家でゴロゴロしているばかりでは、疲れはとれません。

気分は大してすっきりせず、結局たまっている家事を片づけて終わってしまう――こんな週末になってしまうのではないでしょうか。

筋力を使うアウトドア系の仕事でもない限り、**私たちの「疲れている」の中身は、体の疲れではなく、心の疲れであることがほとんどです。**人との交流が少ない今、親しい友達とのおしゃべりで気分転換することもできず、心の疲れを一人でためてしまっている人が増えています。

心の疲れは、いくら体を休めても癒せません。かえって、寝過ぎや運動不足で頭がぼんやりするばかりかもしれません。

こういうときは、変に体を休めようとせず、思い切って出かけてしまった方がいいのです。出かけるところは限られていますが、人混みさえ避ければ、体を動かすのはストレス解消の最適解。それも、なるべく早起きして。

早朝に動き出せば、行動範囲はグンと広がります。電車なら始発を、クルマを使うなら深夜3時、早朝4時のうちに出発すれば、かなり遠くまで足を延ばせます。登山やハイキングをしに山へ、釣りやシュノーケリング、ビーチコーミングのために海に出かけても、午前中に到着し、午後には帰宅の途につけます。

体を使って頭を真っ白にして遊ぶには、スポーツもいいのですが、運動が苦手な人には少しハードルが高め。そんな人には、「行ったことのない街をお散歩」もいいでしょう。

いつもと違う風景の中で心を解放することで、モヤモヤした気持ちはスッキリし、

体は心地よい疲れでぐっすり眠れるに違いありません。行くのは一人か、家族または
ごく親しい友人と。

変化のない日常に疲れた心を休めるには、

「早起きして思いっきり遊ぶ！」

を、休日の習慣にすることをおすすめします。

時間の使い方

落ち込む時間をなくしたい

またこんなことを言われてしまった。言い返せない自分が悔しい…。

嫌なことがあったけど、誰にも愚痴れない…。

いい年をして、いつまでこんなことやってるんだろう…。

誰だって、普通に生きているだけで、こんな風に気持ちが落ち込むことはあります。

ウツウツとして眠れなかったり、家事や勉強が手につかなかったりすれば、時間のムダだし、二重にソンしているような気がする。

ある芸人さんが、腹の立つことに出合ったとき、こんなことを言っていました。

「それはもう腹が立って腹が立って、…そのうち、この腹立ってる時間も俺の寿命のうちなんや思たら、バカらしなってきたわ」

確かに、大事な人生の一部を、そんな感情に費やしてしまうのは、いかにももったいないことに思えます。

でも、悩む時間って、生きている限り、完全になくすことはできません。

「こんなのは悩みなんかじゃない！　気持ちの持ちようよ！」などと、自分の悩みを否定し、無理にポジティブにふるまうことは、あまり役に立たないように思います。

つらいけど、落ち込みは落ち込みとして受け止めて、きちんと悩んだ経験のある人の方が、話していて奥行きがあるし、思いやりのある素敵な人になっていくのではないでしょうか。

落ち込んでいる時間をなるべく早く切り上げたいときは、悩まないように気をそらすのではなく、むしろいっそ悩みとことん向き合い、言葉にしてしまう方がいいようです。

自動車教習所に通っていた頃、ふと手にした「運転上達法」の本に、「コメンタリー・ドライビング」という方法が紹介されていました。

どんなものかというと、「ドライブ中、あっ、危ないな、こうした方がいいな、と思ったことを全部、口に出して話しながら運転するとよい」のだそうです。その時々の自分の置かれた状況を口に出して確認する習慣を持つことで、安全運転ができる、という方法でした。

私たちも、自分の心を安全運転するために、「口に出す（言葉にする）」習慣を持った方がいいのではないかと思います。

「私はこんなことを言われて、こんな風に悲しいんだ」

「私は自分のこんなところがイヤで、こんな風に悩んでいるんだ」

誰かに向かって言う必要はありません。ひとりでいるとき、自分に向かってそっと口に出してみてはどうでしょうか。

それができなければ、とにかく紙に書きましょう。つらい気持ち、相手に言ってやりたかったけれど言えなかった言葉、自分を守るための言葉、それらを全部書き出すのです。

感情は、必ず言葉を求めています。ガマンして押し殺し、言葉を与えてやらないままでいると、苦しみはいつまでも心の中にとどまり、心の健康な部分まで損なってしまいます。そうならないためには、早めに言葉にして吐き出すことが大切なのです。

「言葉にしたからって、何も解決しないじゃないか」

と思われるかもしれませんが、口に出すこと、書くことはとても大切です。**言葉に**

片づかないワタシのバカー
ザッパ

した瞬間、苦しみの感情には形が与えられ、自分と切り離されるのです。

自分の中で自分と一体になっていた苦しみを、いったん自分の外に出すことで、その形と大きさを確認することができます。案外小さなことで悩んでいたことに気がつくかもしれません。立ち向かえないと思っていた大きな悩みに、解決の糸口が見つかるかもしれません。

言葉にすることは時としてつらい作業ですが、心の浄化に役立ちます。誰もいないとき、そっと自分につぶやいたり、日記、匿名ブログ、未来の自分への手紙——他人に聞かせたり見せる必要はありません。短くてもいいし、どんな形でもいいのです。自分の気持ちをぜひ、言葉にしてあげましょう。

時間の使い方

朝活したい

忙しい夕方や夜を避けて、早朝に勉強や趣味の時間を見出す「朝活」が注目されています。付き合いや残業が発生したり、疲れて気力のなくなった夕方〜夜と違って、目覚めたばかりの朝は、気分もフレッシュで、時間を確保しやすいからでしょう。

とはいえ、早朝から活動するには、何より早起きをしなければなりません。朝活＝早起きのことです。朝が苦手な人にとって、朝活はかなりハードルの高い課題かもしれません。

早起きをしようとするとき、誰もがすることは、目覚まし時計を早い時間にセットすることです。今まで8時に起きていたら7時、7時に起きていたら6時といった具合に。問題は、これで起きられる人ばかりではないということです。

朝が弱い人を何人か知っていますが、そういう人は、目覚ましが鳴ろうが、鼻をつままれようが、布団をめくられようが、なかなか起きようとしません。ようやく起きたとしても、いつまでも頭がシャッキリせず、朝活などとてもムリ。

このタイプの人の多くは、睡眠時間が長めのロングスリーパーなのだと思われます。人よりも必要な睡眠時間が長く、充分に眠らないと体が活動できないタイプです。それは悪いことでも何でもなく、そういう体質なのだから仕方ありません。短い睡眠で足りるショートスリーパーが偉いわけではないのと同じです。

自分がロングスリーパーだと思うなら、単に目覚まし時計を早い時間に合わせるだけでなく、早く起きたい時間の分だけ、早く寝なければいけません。「早起き」の習慣は常に「早寝」の習慣とセットで考えなければならないのです。

それだけではありません。比較的すぐに起きられる人であっても、**朝、起きたらすぐスムーズに活動するためには、前夜に各種の準備をしておくことがとても重要**です。何をやるにしろ、準備がされていなければ、朝活ではなく、その準備のためだけに貴重な朝の時間がつぶれてしまうかもしれません。

朝、ジョギングやエクササイズをするつもりなら、スポーツウエアや靴、水やタオルの準備を。

朝、資格取得の勉強をするつもりなら、教材やノートを机に出して、開いておく。

朝、外部の早朝勉強会に出席するつもりなら、その準備と同時に、すぐに食べられ

朝活準備リスト

朝活でやりたいこと	準備しておくもの	所要時間
例）ジョギング	トレーニングウエア、ジョギングシューズ、水、タオル、iPod	ジョギング 30 分、シャワー 15 分 + α = 1時間

朝活のために見直したい、前夜の習慣
例）夜、インターネットを見る時間が長い→ 30 分に減らす

＊朝活でやりたいことや見直したい夜の習慣について、書き出してみましょう

る朝食か、持って出かけられるお弁当の準備を（朝食会は別）。

いずれも、お勤めのある人であれば、すぐに外出できるように準備をしておくことが前提です。

「朝活」といっても、結局はこれも「前の夜の準備」にかかっている部分が非常に大きいのです。

かつて上流社会の女性がまとっていた華美で装飾過多なドレスを一掃し、「働く女のためのファッション」を構築したココ・シャネルは、数々の名士や芸術家と浮名を流したことでも有名でしたが、その生活は実に地味で規則正しく、朝7時には起きていました。そして、夜9時には寝ていたといいます。

夜、必要な準備をしておいてこそ、翌朝スムーズに活動できるのです。「朝活」は同時に「夜活」でもあるので、「朝活」を志すならまず、前夜の習慣を見直すことから始めるといいでしょう。

心の問題

ムダづかいをやめたい

買い物にはストレス発散の側面があり、節約、節約では、やっぱりストレスがたまります。逆に、普段しっかり節約に努めているほど、たまに出かけたときには、

「このくらい、いいか……！」

と、後から考えたらもったいないお金の使い方をしてしまうもの。

また、おトクだからと出かけたバーゲンで、売り場の熱気に呑み込まれて、

「もう、この辺でいいか！　安いし！」

と、適当なところで手を打ってしまうこともあります。こういう買い方をしたときに限って、後悔するものです。

こういうムダづかいの習慣をなくすための「おまじないの言葉」があるのです。それは、「**キャリーオーバー**」。

キャリーオーバーとは、宝くじの当選者が現れなかったときに、その賞金を次回の当選者に繰り越すシステムです。当選者が現れない期間が続くほど、賞金は膨れ上が

り、宝くじはますます盛り上がるというわけです。これを、自分の買い物に当てはめて考えてみましょう。

「ちょっと待って。この値段は○○○円。今、これをガマンすれば、キャリーオーバー。本当に欲しいあの商品を買うときに、○○○円引きになるよ?」

その上で、

「後でまた来ます」

と言いながら、いったんその場を離れましょう。たいてい、10分も経たないうちに、買いたい気持ちはすうっと消えていき、どうしても欲しい気持ちはどこかに行ってしまいます。

このとき**大事なのは、ガマンするそのことではなくて、「本当に欲しいもの」がはっきりしていること**です。本当に欲しいもののためには、つまらない買い物をやめるのは案外たやすいものなのです。

我が家では、これを子供に試してうまくいきました。博物館や旅行など、出かける

たびにちょっとしたおもちゃや雑貨を欲しがる子に、

「ちょっと待って。ここでお買い物をガマンしたら、キャリーオーバーにしてあげるよ」

と言い聞かせたのです。

その頃子供が欲しがっていたのは、ドイツ製の精巧な動物のフィギュアのシリーズでした。しかし、それはそこそこ高価で、たまにしか買ってやれません。そこで、一度に使える金額が300円として、出かけるたびにおもちゃをねだるのをガマンさせて、それが3回、4回と続いたら、本当に欲しいフィギュアを買ってあげることにしました。

当時子供は7～8歳でしたが、即座に納得して、

「わかった、キャリーオーバーにする」

と、こちらの条件を飲みました。

これは大人でも同じことが可能で、ファッションが好きな人であれば洋服やアクセサリーに、お酒やゲームの好きな人であれば、居酒屋での飲食やゲームの課金に当てはめると考えやすいのではないでしょうか。カード決済が主流のネット通販は、きち

んと管理すれば予算が立てやすく、安心です。

「キャリーオーバー」を利用して「買わない習慣」を身につけ、ムダづかいを封じるのと同時に、一時的に「買わない日」「買わない週間」を設けるのもおすすめです。

「今日はお金を使わない」

「今週は、家にあるものだけでまかなう」

と決め、本当に必要なもの以外を買わないで過ごすのです。

これは、在庫整理にもなるので、家の中をスッキリさせるのにも役立ちますし、「なければなしで何とかする習慣」を身につけるきっかけにもなります。

キャリーオーバーメモ

ほしいもの	キャリーオーバーした金額		
例）○○○の ストール 16000円	9/13　5800円	9/25　2300円	10/2　4600円
	10/19　3500円	→ GOAL ！	

＊ほしいものとキャリーオーバーした金額を書き出してみましょう

心の問題

食べ過ぎてしまう・飲み過ぎてしまう

食欲があるのは健康だから。でも、健康なばかりに、ついつい食べ過ぎてしまうのは困りものです。楽しいお酒も、飲み過ぎてはせっかくの健康が台なしです。

体のわずかな変化も勝敗に影響するアスリートは、一般人には信じられないほど厳しく自分を律することで知られています。冬季オリンピックに通算8回の出場経験を持つ、スキージャンプの葛西紀明《かさいのりあき》選手は、友人のホームパーティーに招かれて食事を楽しんでいるときも、頻繁に洗面所の体重計を借り、少しでもオーバーしていれば即座に食べるのをやめたそうです。

それは自然の状態にある野生動物に似ていて、獲物を捕らえて食べた後は、同じような獲物となる小動物がいても、決して襲わないライオンのようです。

しかし普通の人間は、おなかがいっぱいでも、苺《いちご》と生クリームたっぷりのケーキを見れば、視覚を刺激されて「おいしそう」と感じ、ついついペロリと食べてしまうもの。これは、他の動物にはない、特異に発達した大脳のせいです。

大脳の発達は、人間に論理的な能力だけでなく、肥大化する欲望をもたらしました。そのため、「食べ過ぎれば苦しくなるし、体にも悪い」ことがわかっているのに、目の前の欲望に逆らうことができないのです。

「わかっちゃいるのにやめられない」

これは、多くの人が感じたことのあるジレンマでしょう。

強烈な欲望には、知性で打ち勝つことはできません。むしろ、より強烈な欲望で対抗するしかありません。それが食に対する欲望の場合は、より強烈な食への欲望を持ってくるのです。

たとえば、今日、近所のラーメン屋で、餃子とチャーハンの定食を注文する代わりに、来月、高級ホテルのチャイニーズ・レストランでふかひれのコースを食べることにするとか。

今日、コンビニでお菓子を山のように買う代わりに、来週、高級チョコレート店でトリュフを買うことにするとか。

おいしいとわかっているけれど高価な店を選ぶことで、たまにしか食べられなかったり、少ししか買えないことに、不満を感じてしまうでしょうか？

昔、父と一緒に寿司屋に行ったとき、父がこんなことを笑いながら言ったのを覚えています。

「不思議なもので、こういう（ちゃんとした）寿司屋では、すぐに腹がくちくなるのに、安い回転寿司の店では、何皿食っても、なんだか食った気がしないんだよなぁ」

それを聞いて私は納得しました。以前、栄養士さんに聞いた話と、ぴったり合致したからです。

「合成甘味料や、それを使ったお菓子がいろいろ出回っているけれど、通常の何倍も食べてしまって、結局太ってしまう人がいる。それは、脳は〝ニセものの甘さ〟であることを見破っていて、いくら食べても満足しないから」――量だけたくさん食べても、脳は満足しないのだそうです。

「ちゃんとした」職人が、「本物の」素材を使って作った料理は、満足度が高い。だから、むやみと大量に食べたい気持ちは湧いてこず、少量で満足できる。自分に許されたカロリーを、食事として最大限に楽しみたいなら、「本物のおいしいもの」を「少しだけ」食べた方がトクということではないでしょうか？　もちろんそれは、トータルでのコストとしてもおトクなのだと思います。

まぐろ
いか
えび
「ヘイ　おまち」
やっぱり　おいしい〜!!
こっちでよかった〜
まんぷく屋
回転寿

心の問題

きちんとお風呂に入りたい

「シャワーではなく、きちんと浴槽で入浴したいけれど、なかなかできない」という悩みを持つ人は少なくありません。特に、体を温め、リラックスさせる半身浴を習慣にしたい人は多いようです。

でも実際は、忙しい日々の終わりに、ゆっくり浴槽に浸かっている余裕がなく、あわただしくシャワーで済ませてしまう。ちょっともったいないですね。

浴槽に浸かる習慣がない人にとっては、ただお湯に浸かっている時間がヒマで、飽きてしまうのかもしれません。私自身、根がセカセカした性格なので、のんびり浴槽に浸かっていられず、おかげで長年、カラスの行水と言われてきました。しかし、浴槽に浸かって体を温めることの大切さを聞くたびに、何とかしなければとは思い続けてきました。

一方私は、テレビをじっくり見る習慣もありませんでした。いい番組があると前もって知っていても、その時間にテレビを見るのを忘れてしまい、見逃してしまうのです。たまにテレビの前に座っても、何か用事ができてしまい、途中から録画する羽目になるのですが、今度は録画を見ることを忘れてしまう始末。我ながら自分にイヤ気がさしていました。

私の実家では、お風呂の壁面にテレビを入れています。最初は、「お風呂でまでテレビなんて…」とバカにしていた私ですが、実家でお風呂に入ったとき、ものは試しでテレビをつけてみたら、知らずしらず長風呂になっていて、自分で驚いたことがあります。

そこでさっそく自宅のお風呂に、録画のできる防水テレビを導入しました。予約録画しておいた番組を、お風呂に入っているときに消化することにしたのです。

これが大成功！　お風呂に入っているときなら誰にも邪魔されず、自分も逃げられないので、じっくり録画番組を見ることができます。見たかった番組なので、長風呂していても飽きません。

「苦手なこと（テレビの視聴）と苦手なこと（長風呂）を組み合わせる」ことで、思いもかけず、両方を克服することができたのです。３夜連続で映画を観切ったりもしています。

スマホを防水ケースに入れて音楽やインターネットラジオを聴いたり、YouTubeを視聴したり、読み潰してよい雑誌を持ちこんだりなど、長風呂を楽しむ工夫はいろいろあります。あまり人に聞かれたくない、語学の発音の勉強、暗記の勉強にもお風呂は適しています。

たくさん選択肢を用意した中から自分に続けられそうなものを選んで、習慣にしてみてはいかがでしょう。

心の問題

困った人との付き合い方

どのクラスにも、どの職場にも、どの町内にもいるものです、「困った人」というものは。あなたの近くにもきっといるでしょう、使えない同僚や部下、横暴な上司にお局様、姑《しゅうとめ》、小《こ》姑《じゅうと》、ママ友……困った人は行く先々に現れ、彼らから逃れることはできません。彼らとうまく付き合うのに必要な習慣とは、何でしょうか。

「困った人」と付き合うのは難儀なものです。彼らにさんざん振り回されたことのある人なら、すでにうすうす気づいている方も多いでしょうが、彼らを「こちらの都合に合うように変える」ことはできません。

イヤな思いをさせられれば、ギリギリと歯噛みするほどの悔しさに、

「変えなくてもいい、ひとこと言って思い知らせてやりたい」

と、当てこすりやイヤミをぶつけたくもなりますが、ムダです。困った人には、悲しいほど通じません。困った人は、無敵なのです。

そういう人と、それでも付き合っていかなければならないのがこの世界です。相手

が目上だったり、言うことをきいてあげなければならない場合が多いので、「無視する、放っておく」わけにもいきません。そういう人との付き合い方がラクになる習慣とは、

「徹底的に自分を守る」ことに尽きると思います。

困った人に困らされる最大の理由は、彼らが私たちの人生を消費し、食い荒らすところにあります。そこには手加減も遠慮もありません。

困った人に困らされる被害を少しでも減らすには、「自分」を消耗しないよう、硬い殻をまとい、仮面をつけ、やりすごす時間を短くするあらゆる工夫をするしかありません。時間、言葉、感情、あらゆる自分の「資源」を極力相手に渡さず、節約する方針を貫くのです。それが彼らに「勝つ」最良の習慣です。

「つまらない奴」と思われて寄ってこなくなればしめたもの。「自分の方が優れている、自分が勝った」と相手に思わせるのも、ひとつの手です。うまくいけば、その分接触時間が減ることになるからです。もちろん、勝ち目がないならケンカはしません。負ければ、相手にエネルギーを根こそぎ吸い取られるだけです。

ところが、こんな対応をしていると、ときどき彼らが思いもかけない変化を見せることがあります。あんなに困った人だったのが、いつの間にか、話の通じるまともな人になっていることが。

しかしそれはたいていの場合、私たちの「おかげ」ではありません。その人の中で何らかの変化があり、そのためにその人は勝手に変わったのです。あるいは、私たち自身に変化があったため、彼らが変わったように見えるだけなのか…。

いずれにせよ、

「他人を変える、他人の考えを変えさせる」

ことは、成功することが非常にまれな、困難なことです。よほどのことがない限り、彼らが私たちに合わせて変わってくれることを期待することはあきらめ、当面は「専守防衛」に徹するのがベストだと思います。

困っていることがあるとき、

解決法のヒントは必ず、

問題そのものの中にあるものです。

それを見つけ出し、新たな習慣とすれば、

問題はむしろ、快適な暮らしへの

手がかりとなってくれるでしょう。

第4章

挫折グセを繰り返さないために

「三日坊主」をどう切り抜けるか

私もそうでしたが、今まで何度も習慣作りに失敗してきた人は、自信を失っています。何しろ、自分が信頼できないのです。

たとえば、「シンクの洗い物を翌朝に残さない」という習慣を目標としたところで、「今日は疲れているから…」「今日は寒いから…」と、事あるごとに理由をつけてやめてしまい、結局習慣にならない——こんな経験は、誰しも持っていると思います。

その結果、「どうせ私なんか、また失敗するに決まってる。私に習慣なんて作れないんだ。自分なんて信じられない」と、最初からあきらめてしまうのだとしたら、もったいないし、自分がかわいそうです。

「習慣を作りたい」という意志があっても、日々の忙しさに紛れて続けられないのは、ある意味自然で、十分予想されることです。過去に挫折経験のある人なら、自分の弱さを自覚しているでしょう。

しかし、自分を信じることなくして、夢を実現することはできません。

「自分を信じない」ことは「自分を知っている」ことでもあり、それは考えようによっては、大きな強みになります。自分を冷徹な目で「知る」ことは、「信じる」こと同じく大切です。

「私だったら、こうなってしまいそう」といった、自分がやってしまいそうな過ち、陥りそうなトラップは、自分を厳しく見つめないと見えてきません。でも、過去の失敗から自分を知った今なら、乗り越えられます。陥りがちな状況を予想し、あらかじめ対応策を講じておくことができるからです。

「自分の意志の強さは当てにしない。自分ならこうなるだろうという事態を予測して、自分あての指示書を作成し、自分に守らせる」という考え方で臨むことも有効です。

また、何度も挫折してきた習慣を、今度こそ継続したいのなら、完璧主義は捨て、飛び越すハードルをなるべく低く設定した方がいいかもしれません。

たとえば、「早起き」なら、いきなり5時起き・6時起きを目指すのではなく、「今までより10分だけ早く起きてみる」「起きてすぐ何かするのではなく、テレビを眺めていてもいい」

「寒いときは、エアコンのタイマーを使って部屋を暖めておく」など、**少し手を抜いてもいいから続けられるような、自分の言い訳を封じ込めるような「第二、第三の道」を作っておく**のです。完璧ではないけれど、決してゼロにはしないことで、「また挫折してしまうダメな自分」になることを回避できます。

第二、第三の道を用意しておき、なおかつ意志を強く持っていても、挫折してしまうこともあるかもしれません。こうして「三日坊主」を繰り返してきた人もいるでしょう。

生活を変えよう、習慣を身につけようと決意したとき、最初の一日は、たいてい何もかもうまくいくものです。運がよければ、二日目もうまくいくかもしれません。しかし、三日目には必ず何かが起こるのです。体調が悪くなったり、誰かが訪ねてきて予定が狂ったり、思わぬトラブルに巻き込まれたり…。

「子供の発熱」や「友人の久しぶりの訪問」といった、予測不能な事態は必ず起きるもので、避けられません。習慣作りに際しては、「アクシデントは必ず起こる」を前提にするのが現実的といえるでしょう。

このとき大事なのは、「またダメだった…自分はなんて情けないんだろう」と自分を責めないことです。自分を責めても何も改善しませんし、前に進む力を削いでしまうだけです。

三日坊主になってしまったときに大切な唯一の態度は、**「よし、もう一回！」と、何事もなかったかのように、悪びれず、第一日目に戻って何度でもやり直す**ことです。この「何事もなかったかのように」というのが実はすごく重要で、この姿勢が、挫折しがちな自分のメンタルを守ってくれるのです。

「そもそも続くわけのない、私にとってはタイヘンなことが二日も続いただけで上等。次はあと最低一日は続けよう！」とポジティブにやり直しましょう。

「どうせ三日坊主に終わってしまうから、やってもやらなくても同じ」と、最初からあきらめてしまうのがいちばんもったいないことです。それは、「最初から１００％できなければ、10％、20％じゃイヤだ」という、完璧主義の裏返しで、実はとても子供っぽいことではないでしょうか。

今はかなり片づけるのがラクになり、楽しくなった私ですが、片づけの習慣が身につくまでは、そんな気持ちでいました。でも、それではいつまでたっても自分は変わりません。

10%、20%でも、ゼロではないのです。

三日坊主だって、365分の2であり3なのです。

三日坊主のまま放置せず、すぐさま立ち直って次の三日坊主を目指せば、それを続けているうちに、次第にできている日が増えてきます。習慣は、そういう風にできていくのだと思います。

三日坊主がだんだんつながってきて、中断率が下がっていく――そんなイメージで、あきらめず続けていきましょう。

三日坊主もつなげてゆけば
よし!! もう一回

スマホは習慣作りの強い味方

今や誰もが持っているスマホ。かつて、仕事での外出の際は、手帳・筆記具・カメラ・歩数計など、たくさんのものを持ち歩かなければならなかったものですが、今ではスマホさえあれば何とかなってしまいます。肌身離さず持ち歩くようになったこのスマホは、習慣を作るための最高の味方といえます。

習慣を身につけるための行動を自分に約束し、やり抜く決意をしたとしても、**自分との約束を守ることは、他人との約束よりも困難です**。どうしても、「仕事」や「付き合い」などの対外的な約束の方を優先しがちだからです。そんな風にして習慣が崩れていくのを防ぐためにも、スマホをうまく活用しましょう。

＊アラームを活用する

スマホのありがたいところは、アラームで自分を管理できるところです。カレンダーにセットしておけば、まるで専属の秘書のように、その日の用事や締切をアラームで知らせてくれるスマホ。この機能を、毎日の行動を習慣化するのに活用しない手はありません。

たとえば、在宅ワークの日、朝起きてから仕事に取りかかるまでをアラームで管理してみましょう。

（アラーム）起床。次のアラームまでにベッドを整え、顔を洗って洗濯機を回し、朝食の準備をする

（アラーム）朝食。次のアラームまでに食器を片づけ、ゴミを出し、洗濯物を干し、身支度を整える

（アラーム）仕事

あまりに細かくアラームを鳴らすと効果がなくなってしまいますが、30分おきくらいにアラームを設定し、その間にやることを順序立てておけば、緊張感もあってキビキビ行動できます。せわしないように感じるかもしれませんが、朝のうちに家事がある程度終わっていれば、逆に一日をゆったりした気分で過ごせます。

＊ to do リスト

検索すれば、さまざまな to do リストのアプリが見つかります。自分が作り上げたい習慣に合ったタイプのものを、試行錯誤して見つけましょう。

一口に to do リストといっても、「締切のある to do」「いつかかなえたい to do」と、「特に締切はないが、毎日継続したい to do」があります。

後者が「あらかじめリストアップした to do を、その日できたらチェックを入れる」タイプで、ためない習慣作りに適しています。このタイプは、遂行できた日がカレンダーで表示されたり、数値がグラフで表示されたりするものがあり、自分の努力の足跡が確認できて、励みになります（「リズムケア」など）。

一方で、「やりたいこと（読みたい本、観たい映画など）を列挙していき、完了したものをチェックで消していく」タイプの to do リストもあり、併用するとスッキリします（「ToDo リスト」など）。

＊健康管理

運動、食事、体重などを入力し、歩数や消費カロリーなどと連動するアプリは健康作りに便利です。アラームで設定し、10分、20分でも運動することで、毎日継続する習慣になりますし、あらゆる数値を記録する習慣を作ることは、自分の身体を知る上で最も大切なことです。

体温や生理期間、血圧、服薬記録なども入力しておけば、婦人科や内科を受診するときの重要な資料となります。メモ欄などに、子供や高齢の家族の体調の変化を書き留めておくのも役に立ちます。

＊勉強、趣味

語学や資格取得などは、それぞれの分野の無料・有料アプリの中から、自分のレベルと目的に合ったものを、短時間であっても、毎日続けてみましょう。私は最近、タイ語会話のアプリを入れています。

反射的に答えを出すゲームやクイズ形式のものは、楽しいですが、なかなか蓄積されていかないようです。

音楽や俳句、将棋のような趣味分野も、上達を促すアプリがたくさんありますので、まずは1日10分から始めてみてはいかがでしょうか。

＊ＳＮＳを活用する

いろいろな人が集まるＳＮＳも、習慣作りのために使うことができます。自分がメンバーとなっているＳＮＳで、

「○○を習慣にして、△△を実現したいと思っています」

と宣言してしまうのです。有言実行と、仲間たちが背中を押してくれます。

また、同じ志を持つ仲間の集まるグループを探して参加したり、自分でグループを立ち上げるのもいいでしょう。意見交換、切磋琢磨で目的が実現するかもしれません。

スケジュール帳を活用する

スマホ全盛の現在、ややマイナーな存在になったかに見える手帳ですが、そんなことはありません。年末の手帳売り場にはさまざまな種類の手帳が今も百花繚乱です。

紙の手帳のいいところは、

「全体像が見渡せるところ」

「記録を残しやすいところ」。

スマホの狭い画面では、１か月、１年といったスパンの計画や記録が見づらく、イメージしにくいという欠点があります。パソコンも便利ですが、手帳はより手軽に開くことができますし、紙はこういうことがほんとうに得意。

スマホでも記録は残りますが、モノとして残る手帳の方が見ていて楽しいものです。

また、ちょっとした落書きを書き込んだり、ハガキやチケットの半券を貼り付けたり、きれいな包装紙をカバーにしたりといった、自由な楽しみ方ができるのも手帳の良さです。私自身、スマホを便利に使いながらも、紙の手帳は必ず併用しています。

日々の細かなスケジュール管理、習慣作りにはスマホを活用して、紙の手帳は、持ち歩きを意識したものより、何でも書き込めるやや大ぶりなものをデスクに置き、全体の管理に役立てるのもいいと思います。

1年の始まり、1か月の始まりに、

「この1年、この1か月をどう使おうか」

と、長い目で見た計画を立てるのに使い、毎日の行動はスマホに頼る。でも1週間の終わりには紙の手帳に戻り、その週の総括と、来週に向けた行動指針を決めるために使う、というのもいいでしょう。

手帳を使う際、スマホと同じ内容をくどくどと書く必要はありませんが、飛び飛びになってもいいので、おおまかな記録を残しておくといいでしょう。

そして、1年が終わるとき、その年に関連する最小限の紙データを全部手帳と一緒にしておき、「20××年のパッケージ」を作っておくことで、習慣作りの振り返りにも役立つと思います。

一日の予定を守れる、スケジュール作りのタイミング

習慣は、身についてしまえば、それをしないとスッキリしなくなり、気が済まなくなるため、なかば自動的に継続することができます。しかし、そうなるまでには、長いこと意識して行動を反復しなければなりません。イレギュラーで入ってきた予定にかき消されてしまうこともあるでしょう。

忙しい日々にも、一旦やろうと決めた習慣を身につけるためには、特に最初のうちは、習慣を視野に入れた一日のスケジュールをきちんと把握しておくことが大切になります。「何をいつやるか」がわかっていれば、やることが多くても、比較的スムーズに行動できるものだからです。

一日のスケジュールを事前にチェックするなら、朝いちばんがいいように思うのですが、朝は誰もが忙しいもの。この時間帯はなかなか難しいかもしれません。

朝、十分な余裕がない大多数の人にとって、もっとも適しているのは「前の晩、就

寝前」だと思います。

その日の片づけ、入浴も済んだ一日の終わりに、翌日やるべきことを見渡して、このときに習慣を実行するタイミングも確認しておきましょう。翌日の行動・移動の順序や、それぞれの行動にかける時間も、このときに大まかに割り出しておくと、落ち着いて行動できます。

さらに、翌日の持ち物や服装も、このタイミングで準備しておけば、朝も時間のロスをすることなく、一日のスタートがスムーズに切れます。

疲れている夜、翌日の算段や準備までするのは面倒…と思ってしまうかもしれませんが、5分やそこらで済むことです。前の夜に5分、事を進めておくことで、翌朝を15分、ゆったり過ごせることになります。

翌日のダンドリができ、持ち物や服装の用意ができていれば、朝はたとえ寝坊しても、すぐに行動することができます。半分寝ながらでも、やっておいて損はありません。

「記録」と「交流」でモチベーションを維持

第2章でもふれましたが、習慣を定着させ継続させていくには、モチベーションが不可欠です。その大きさは、身につけたい習慣に必要な努力に比例します。習慣を支えるために、自分に励みとなるものを用意してあげましょう。それによって、習慣を長く、安定して続けていくことができます。

励みとなるもののひとつは「記録」です。

習慣作りは、誰かに手伝ってもらうわけにはいきません。自分の努力を知っているのは自分だけです。自分で自分の顔は見られません。自分を見るには、鏡が必要です。自分の努力を映す鏡となってくれるのが、記録です。

それは、手帳やスマホに書きつけた「予定」と、横線で消した跡でもいいでしょう。横線が増えるたび、習慣は深く自分の中に定着していきます。日記やブログに、毎日1行ずつ「今日の課題完了」と書くだけでもいいのです。

費やした時間を累計していくのもいいでしょう。たとえば、春に咲く桜は、2月1日以降の最高気温の累積が600度を超えた日に開花します。私たちの努力も、累積すれば桜のように花咲く日が来るかもしれません。毎日10分ずつ時間をかける習慣であれば、1週間に1日休んだとしても60分（1時間）、1年で約3000分（50時間）。それをグラフにすることで、自分が歩んだ道のりを実感することができます。

時間に限らず、数字にできるものはなるべく記録をとりましょう。

1か月で読んだ本の冊数。
1日に歩いた歩数。
勉強した参考書のページ数。
体重、血圧、体脂肪率の推移。
処分した不用品の数。

一気に増やすことができないのはもどかしいところですが、1日1日、着実に増えていく数字を見ることは、確かな励みになるはずです。

今月5冊めの本を
読んでるなう
いいね!
パシャ
いいね!
いいね!
いいね!
がんばってますね!
わたしはまだ3冊
すごい、すごい!!

数字と同様に、習慣作りのモチベーションになるのが、人との交流です。

自分の決意を、ＳＮＳやブログを通じて友人知人に公表し、見守ってもらうのもそのひとつの方法ですが、もし周囲に同じ志を持った人が見つかれば、努力を共にし、苦労を分かち合うのも、さらに強力なモチベーションとなります。

電話やメールで近況を報告し合ったり、互いの成果を教え合ったりすることによって、切磋琢磨できるし、不安や迷いが生じたときも、同じ目標を持つ仲間として、アドバイスを乞うことができるでしょう。

また、多くの仲間を得ることによって、さらに高い目標にチャレンジする可能性も生まれます。地域のサークルや同好会だけでなく、ＳＮＳ上では世界中のさまざまなグループと交流できます。

互いが互いの目となって、自分たちの努力を見守り合う仲間を、どこかに見つけておくことはとても大切です。

小さなゴールを設定する

たとえ気持ちを分かち合う人がいたとしても、日々、習慣作りと向き合っていれば、ときには孤独な感情にかられるかもしれません。習慣がうまいこと続いてくれても、次第に飽きてきて、「こんなことやっていても意味があるのだろうか」などと疑問が湧いてきたり、続かなければ続かないで、「どうして私はこうなんだろう」と、自分を責めたり。

惰性に流されがちな日々を活性化させるために、自分で自分に「小さなゴール」を設定してあげるといいと思います。単調な日々には目標が必要なのです。

もちろん、最初の「ゴール」は「2週間目」です。たとえ三日坊主を繰り返しても、トータルで2週間、習慣を継続することを、まずは最初の目標としましょう。2週間続いたら、習慣としての最低限の期間はクリアできたのです。

その次は「1か月」、つまり「2週間×2回」が終わったときです。月が地球を約1周する間、ひとつのことを続けられたというのは、記念すべきことでしょう。習慣も2クール続ければ、だいぶ定着してきた頃かもしれません。

さらに、次のゴールは「3か月」です。2週間が6回過ぎた頃には、習慣もすっかり板につき、生活の一部になったのではないでしょうか。身体の細胞も、3か月で入れ替わるといいます。ひとつのことがこれだけ続いたあなたは、3か月前とは別の人。胸を張って「ゴール」と言っていいでしょう。

2週間、1か月、3か月のゴールには、それぞれ「小さなお祝い」をするのもいいと思います。それを楽しみにすることは、習慣を持続させる励みになります。

ただ、2週間、1か月で「自分へのごほうび」は少し早過ぎるかもしれません。こういう短いスパンの場合は、もう少しストイックな方が効果があるようです。

昔の人はよく、願をかけるときにちょっとしたものを断ちました。お茶が好きな人がお茶断ち、お酒が好きな人が酒断ちなど。そして願いが叶ったときにおいしいお茶、お酒をいただく。守れないほどきついシバリではないけれど、日常に適度な緊張感を与え、それが解禁されたときに心地よい解放感をもたらしてくれるものです。

2週間、1か月では「○○断ち」の解禁を楽しみ、3か月では大いに祝う。こんなメリハリをつければ、習慣作りが楽しく続くかもしれませんね。

小さなゴールの設定のしかた（例）

身につけたい習慣：今までより30分早く（6時に）起きる

＊9/1スタートの場合

2週間	・カフェ断ち ・外ランチ断ち ・テレビ（マンガ）断ち　etc.	**6時に起きる習慣を 2週間続けられたら… 9/14解禁！**
1か月	・必要なもの以外の買い物断ち ・ケーキ断ち ・ビール断ち　etc.	**6時に起きる習慣を 1か月続けられたら… 9/30解禁！**
3か月	・服や靴を買う ・友達とパーティー ・温泉、ドライブ　etc.	**6時に起きる習慣を 3か月続けられたら… 11/30頃実行！**

三日坊主だって、365分の2であり3なのです。

すぐさま立ち直って次の三日坊主を目指せば、

それを続けているうちに、

次第にできている日が増えてきます。

第5章

習慣の力で人生を楽しもう

よい習慣が定着するほど、生きるのがラクになる

習慣が生活の中に根づいてくると、心が落ち着いてきます。習慣が積み重なるほど、ますますそうなるように思います。それは、「次にやるべきことが常にわかっていて、迷わなくて済む」ためでしょう。

最も時間と気力を消耗し、効率が悪いのは、やるべきことが多いことよりも、やるべきことがわからないことです。何をするべきかをその都度イチから考えなくてはならないのは大きな負担です。立ちはだかる問題の大きさに茫然《ぼうぜん》とし、手をこまぬいて時間ばかりが過ぎていくのは、精神的にもつらいものです。

「考える」ことは大切ですが、非常にエネルギーを必要とし、疲れることでもあるので、そこにばかりかまけてしまうと、肝心の「行動する」エネルギーが底をついてしまいます。

その点「習慣」は、「考え」を行動化し、オートマティック化したものなので、疲れずに、目的に沿った行動を繰り返すことができます。習慣を増やすことで、悩みや迷いは少なくなり、生きることがどんどんラクになっていきます。

かつて、歌手・フラダンサーのサンディーさんが、

「人間は、習慣の束です」

とおっしゃっていたのを、新聞のインタビュー記事で読んだとき、強い感銘を受けました。なるほど、「自分」とは、自分が選び、実践している「習慣」を束ねたものなのかもしれません。

人間が習慣の「束」ならば、一つひとつの習慣は、一本の細い糸のようなものでしょう。一本一本の習慣の糸は細くても、何十本、何百本とより合わされば、太く強い軸となって、自分を支えてくれるはずです。

ものを結びつける縄の素材は、水に浮く藁《わら》です。しかし、出雲大社の大注連縄《しめなわ》は、太さ最大８m、重さは５トンという巨大なものです。藁といえど、集まれば重さと強度は鋼鉄のようになるのです。同様に、習慣は多ければ多いほど、強く太い縄となって、自分の中にゆるぎない軸を作ります。

自分を支えている軸が強く太ければ、人生にたびたび訪れる危機にも、切れずに持ちこたえていけるでしょう。たとえ大嵐に遭い、一部が切れても、全体が支えてくれている間に、リカバリーできます。**アクシデントが起きたり、ストレスフルな生活が続いたりしたとき、多くの習慣があることが、内なる城壁となって自分を守ってくれます。**「自信」とは、そんな習慣の数が作るものなのかもしれませんね。

私たちはしばしば、「自分らしく」「本当の自分」などと、〝自分〟という存在にこだわりますが、実際は「これが自分だ」と思っている〝自分〟などないのかもしれません。それが、何百本という細い習慣の集まりに過ぎないなら、その一本一本を入れ替えてしまえば、まったく違った〝自分〟に再編集することができるのではないでしょうか？　織物の横糸を変えて新しい色や模様を織り出すように…。

たとえ人生に迷い、立ち止まってしまっても、習慣を見直すことで、いくらでも新たな自分に生まれ変われるのだと思います。今の自分に納得がいかないなら、自分を変えたいと思うなら、「習慣」の糸を、一本一本入れ替えていけばいいのです。**自分を変えることは、習慣を変えることで可能なのです。**

これが私です
仕事
オシャレ
片づけ
食
友
眠
読書
美
ペット
Jog

自分は変わっていくし、習慣も変わっていく

考えて、工夫して、たくさんの習慣を作っても、それで人生が完成するわけではないし、習慣は永久に続くわけではありません。私たちは絶えず変化し、成長していく存在ですから、その時々で必要な習慣もまた、変わっていくはずです。

あるときは自分にとって必要で、有用だった習慣が、いつしか無用のものになっていったり、ともすれば有害なものになっていくことさえあるでしょう。ひと頃熱中し、すっかり生活に根づいていた習慣を、かたくなに守ろうとすることで、新しい生活に適応できなくなることもあります。

若い頃の私は、朝食後、朝刊を時間をかけて読むという習慣がありました。「人生相談」欄や「三行求人」のような細かい広告が特に好きで、いつまでも読んでいました。独身でひとり暮らし、仕事の時間もある程度自由になる身分だからこそできたことです。

ところが、結婚して子供が生まれると、慣れない育児と家事の負担が全部、私の上に降りかかってきました。睡眠不足の上に疲労が重なり、てきめんにモノは積み上がってホコリがたまり、部屋が荒れていきます。片づけは他の家事と違って「やらなくてもすぐには影響がない」ものだからです。

散らかった部屋に赤ん坊の泣き声が響いても、私が新聞を読むのをやめなかったのは、ひとつには、家事育児を負担した上に、長年親しんだ習慣まで変えたくないという意地があったようにも思います。私は半ば、古い習慣にしがみついていたのかもしれません。

「ホコリで人は死なない」とはよく言われますが、確実に心はすさみます。心がすさむと、疲れて帰ってきた夫にもきつい言葉を投げるようになり、家の中は寒々しい空気が漂うようになってしまいました。

「こんな部屋はイヤだ！」

いつものように朦朧としながら新聞を読んでいた私は、ある日決意しました。

「一日は24時間。今までの私はその中でどうにか家事と仕事と自分の時間をやりくりしてきた。しかし、そこにこの子が現れた。当面、私にとってもっとも重要なのはこの子。子供にかける時間は絶対に削れない。仕事も家事も最小限にとどめている。だが時間が足りない。残業と休日出勤続きでクタクタの夫は頼れない。ならば、自分の時間を削るしかない。さしあたって削るべきはこの、新聞を読む時間だ」

私は、朝食後にダラダラと読んでいた新聞タイムを後回しにして、「朝食の片づけと掃除機かけ、洗濯物を干す」の一連の作業を先に片づけるようにしたのです。

すると嬉しいことに、部屋は次第に片づいてきました。

部屋が片づいていると、気持ちが落ち着きます。気持ちが落ち着くと、あんなに執着していた新聞にもあまり未練がなくなり、短い時間でサッと読むことで満足するようになっていきました。

あのとき、自分の時間を無理矢理守り通すこともできたのかもしれません。もしかしたら、新聞を読む時間こそ、守るべきだったのかもしれません。しかしそれでは家の中は荒れる一方、自己嫌悪や夫を責める気持ちと戦わなくてはならなかったでしょう。もしかしたら、家庭そのものがバラバラになったかもしれません。あのときの私は、決してそれを望みませんでした。

私は出産という大きな変化によって、習慣を変えざるをえなかったのですが、誰にもこういった変化はあるでしょう。そのとき、自分を変えたくないと習慣を墨守《ぼくしゅ》するか、今の自分に必要なものと不要なものを見分け、適応するかで、その人の生活の質も、人生そのものも、変わってくると思います。

「私のせいじゃないのに」

「どうして私ばかりが…」

と、人を恨みたくなるような「変化」もあるかもしれません。

しかし、ここは冷静にかつ単純に、

「習慣を変えることで生じるメリット・デメリット」

を秤《はかり》にかけ、自分にとってよりトクな方を選べばいいのではないでしょうか。

その選択が何であれ、自分で選んだことならば、誰かを恨まずに済みます。恨みの感情がなくなれば、膨大なエネルギーを消耗することもなくなり、人生は格段に生きやすくなるのだと思います。

山の上で出会ったひとりの老人

今、大切にしている習慣、守っていきたい習慣があるとして、それを続けていった先には何があるのでしょう？　数年前私は、ある山の上で出会ったひとりの男性にそれを見ました。

秋のよく晴れた日、茨城県にある筑波山《つくばさん》に家族して登りました。私たち親は登山ほぼ初心者、下の子は小学校2年生、上の子は5年生。最初は鬱蒼《うっそう》とした杉林が続きますが、途中から風通しのよい広葉樹林に変わり、整備された登山道に奇岩の景勝も楽しめる、魅力的な山でした。

「途中で〝もう歩けない〟なんて言われたら困るなぁ…」

と心配しながら登り始めたのもつかの間。終始置いていかれたのは私たち親の方でした。子供たちは身軽で、躍るように斜面を駆け上がっていきます。

「ま、待って…」

と、大股の急ぎ足で追いかけるのですが、数分もすると息が上がり、腿《もも》の筋肉が疲れてきます。低山ながら傾斜のきつい箇所が多いコースで、私たち夫婦はひっきりなしに小休止を余儀なくされました。

汗を拭きながら何度目かの休憩に腰を下ろしていると、70代とおぼしき男性が、実にゆっくりと傍らを通り過ぎていったのに気がつきました。確か、私たちと同時に麓《ふもと》から登ってきた人です。

その歩みは小刻みでまさしくカメのごとく、むしろとぼとぼとした風情で小太りの体を運んでいます。ところがこの男性、よく思い出してみれば、麓から一度も休憩をしていないのです。

（このおじいさん、何者…？）

しばらく彼と前後しながら登るうちに、少し開けたところに着くと、ようやく男性が初めての休憩をとりました。もちろん私たちも、ここでまた小休止。

彼が気になって仕方がなかった私たちは、思い切って尋ねました。

「この山にはよくいらっしゃるんですか？」

「ええ、週１回はこちらのお山にお世話になっています」

「週１回⁉　このコースを⁉」

「慣れればそうタイヘンじゃないですよ」

訛《なま》りからして地元の人のようで、ここから先のコースについても、親切に教えてくれました。若い頃から登っていて、山を熟知しているようです。

「私たち、もう息が上がっちゃって…」

「足を高く上げると息が上がりますね」

「歩幅を小さくしていらっしゃいましたね」

「登る、というよりは、少しでも段差のないところを、そう、水が流れる場所を探すようにして、〝横に歩く〟ようにするといいんですよ。体の重心がぐらぐらする動きは、疲れがたまりますからね。重心をあまり動かさなければ疲れないし、すぐに回復するんですよ」

と、歩き方のコツをわかりやすく教えてくれたのです。このときはしきりと感心したただけの私たちでしたが、帰ってから登山に詳しい友人にこの話をしたところ、それは山歩きの基本中の基本だということでした。

男性は静かな声で続けました。

「私もね、今は若い人にあちこち連れていってもらうんですよ。でも、ほかのお山にお世話になるとき、歩けなくては連れていってもらえないでしょう。だからここで毎週練習をしているんですよ」

休憩を終えて立ち上がり、男性にお礼を言った私たちの歩き方は、そこから少し変わりました。登頂を急ぐ、セカセカとした大股の歩き方をやめ、重心をなるべく動かさないようにゆっくりと、足元を見ながら歩くようになりました。おかげで、そこから先はやたらと休憩することもなく、無事に登頂することができました。

長年地元の山に登っていて、山のことも山歩きのこともよく知っている年長者が、私たちのようなにわか登山者に、もっと説教じみた話し方をしたって、ちっともおかしくないのに、この男性はみじんもそんな様子を見せませんでした。

そしてさらに、山に対するその謙虚な態度にうたれました。

「お山にお世話になる」

このフレーズを2回、彼の口から聞きました。山を敬い、感謝の気持ちを持ち、より高い山に登り続けるために、鍛練を怠らない。そんな彼の姿勢が、この言葉に感じられたのです。

「あのおじいさん、只者《ただもの》じゃないね！」

「筑波山の妖精だったんじゃない？」

私たち家族はすっかり彼のファンになり、今でもときどき話すほどです。この男性こそ、「習慣」を人生に活かす上で理想となるモデルではないかと思います。

自分のやりたいこと（登山）をやるために、訓練を重ね、自分のものにし、それを維持するために努力を絶やさず、習慣にする。

その習慣の中で自分を磨き、おごらず、見知らぬ者にも自分の経験から得た知恵を分け与える。それも、相手が受け取りやすい与え方で——。


与えられた人生を最大限に活かし、楽しみ、しかも自分の人生だけで完結してしまわない。あの男性は、習慣の持つ力をフルに利用してきたのでしょう。

私の目標などささやかなものですが、それでも、実現するにはそれなりの努力が必要です。自分の貧弱なパワーを増幅させ、生きることを楽しむために、この男性を見習って、よい習慣を人生の味方につけたいと思っています。

「なんとなく」を「なぜ？」に変えていこう

家事に仕事に忙しいあるキャリアママが、自分の困った習慣を話してくれました。

「忙しくて、食事が不規則になると、変な時間にお腹が空いてしまうんです。そんなとき、手軽に買える菓子パンを食べてしまうんですが、気がついたらなんだか太ってきて。調べたら、菓子パンってカロリー高いんですよね」

「どんなパンを買うんですか？」

「メロンパンです」

「メロンパンお好きなんですね」

「いや…？　ただなんとなく…」


自分の意志に基づく習慣ではない、こんな「なんとなく」繰り返されることで形成される習慣の方が、実は多いのではないかと思います。

「なんとなく」安くてたくさん入っている方を選ぶ。

「なんとなく」手渡された「景品」を受けとってしまう。

「なんとなく」おまけのついている方を買う。

その結果、食べきれずに賞味期限が過ぎてしまったり、好きでもないキャラクター柄の小鉢が食器棚に増えていったり、欲しくもなかったオマケが「なんとなく」捨てられないまま引出しの場所をとっていたり…。こんなことはないでしょうか？「なんとなく」選んだ選択が、暮らしをつまらなく、窮屈にしてしまうのです。なんだかもったいないですね。

長男はサッカーが大好きですが、なかなか強いチームに勝てません。チームメイトと一緒に、しょっちゅうコーチたちに檄《げき》を飛ばされています。傍らでそれを聞いていると、どのコーチも同じようなアドバイスをしてくれています。

「うまくなりたいなら、ただ練習していたってダメなんだぞ！〝なぜ〟今この練習をするのか、〝なぜ〟この練習がそのプレイに役立つのか、〝どうやったら〟この練習を試合に役立たせることができるか、常に考えてやれ！」

もっともなアドバイスです。

同じ50ｍダッシュでも、体幹トレーニングでも、ロードワークでも、それにどういう意味があるのか、なぜ自分はこの練習をやらされている、否、やっているのか、わかってやっている子と、そうでない子では、同じ時間を費やしても、得られる結果はまったく違うものになるでしょう（わが子にそれがわかっているかどうかはわかりませんが…）。

ともすれば、前者にとってその費やした時間は、ただコーチに言われて嫌々やるつまらない時間でしかなく、後者にとっては、優秀なプレイヤーへの道につながる、ワクワクした輝かしい時間となるのです。

さきのメロンパンのキャリアママが、カロリーに気づいたのはとても良いことでした。「なんとなく」を捨て、自分の意志で異なる選択をする機会となったからです。これからは「なんとなく」メロンパンを買うのではなく、「自分の意志で選んだ」サンドイッチやおにぎりなど、カロリーではなく栄養価の高い間食にするか、昼食時間をきちんと確保するようになるでしょう。そうすれば、体重だって戻るはずです。

ためない習慣の第一歩は、「なんとなく」をやめて「自分で選ぶ」に切り替えることから始まるのだと思います。そうするだけで、これからの人生に、ワクワクした輝かしい時間が増えていくとしたら、ラッキーだと思いませんか？

今の自分に納得がいかないなら、

自分を変えたいと思うなら、「習慣」の糸を、

一本一本入れ替えていけばいいのです。

おわりに

10年ほど前から、月に2度ほど、ジャズ・コーラスのレッスンに通っています。

ご一緒する皆さんは、テクニカルな譜面をきちんと読み込んでこられる方ばかりで、ついていくのがやっとですが、若い頃からやってみたかったジャンルだけに、毎回楽しくてたまりません。講師は、NHKの朝ドラ『エール』で歌唱指導もしていたジャズコーラス・グループ『ブリーズ』という贅沢なレッスンです。

『ブリーズ』によるレッスンは、発声練習よりもまず、ストレッチをたっぷり行います。体のすみずみまでゆっくりと伸ばし、ほぐしていくそのバリエーションは非常に多く、時間もかなり長くとっているので、知らない人は、コーラスではなく体操教室に参加しているのかと錯覚してしまうほどです。中には、傍目からはどう見てもヘンテコに映るポーズもあるので、ときどきお互いの姿にハッとして吹きだしてしまうことも…。

発声練習は、その後ようやく始まります。これも種類がたくさん！　でも、頑張って強い声、大きな声を出そうとすると、やんわり方向を修正されます。

「〝正しい音程〟はとりあえず置いといてええねん。音程はちょっとぐらいズレても、身体の中から出てくる自分の声をまず、自分が聴いてあげようよ」

ベテランのジャズ・ボーカリストである、ソプラノの小菅けいこ先生は、軽妙な中にも、いつもハッとするような言葉で、ご自分の体験してこられた「音楽」を伝えてくださいます。

レッスンが90分としたら、「体操」と「発声」はその3割くらい。歌を歌いたい、コーラスを楽しみたい、と思って初参加する人にとって、この「準備運動」は、少々退屈に感じられるかもしれません。しかし、この体操と発声をやらずに歌ってみたことがあるのですが、レッスンでも大して出ていない声の、そのまた半分くらいしか出なかったのには驚きました。

「〝頑張って〟いい声出そうとか、上手に歌おうとか思ってもムダなんだよね。音楽を自分の力で〝作ろう〟としてもダメ。音楽は、自分の中にはなくて、この世界中にあるの。だから、歌う前に身体を作って、発音の練習をし、準備をしておく。自分を音楽の通り道にしておくのよ。そうすれば、何もしなくても、音楽は向こうからやってくる。」

私がいちばん感動した小菅先生の言葉です。

習慣作りに失敗していた頃、私が習慣に抱いていたイメージは、「自分のダメなところを押さえつけることでコントロールし」「頑張って努力して」「いい面を伸ばしていく」というものでした。でも、それはなかなかうまくいきませんでした。

それよりも、毎日繰り返すささいな行動を「なんとなく」適当に片づけたり、放り出していたのをやめ、レベルは低くとも、きちんと処理することで、「ためない」「滞らせない」ようにすることで、気づいたら自然に身についていった過程と、小菅先生のお話は、スケールは異なりますが、合致するような気がしました。

「なりたい自分」って、建築物のように頑張って「作る」ものではないのかもしれませんね。もしかしたらそれは、今ここにいる自分を「整える」だけで、自然に「なっていく」ものなのではないでしょうか？

そのために「ためない習慣」という考え方が少しでもお役にたてばいいな――そう思っています。

金子由紀子

100ある習慣も、少しずつ取り組めば、

できているものがいつの間にか増えていきます。

まずは2週間にひとつ身につけることから、

始めてみましょう。

99 ▸ 落ち込んだときは言葉にする

落ち込んだとき、自信がなくなったとき、自分を外から眺めて、落ち込んでいる自分自身に言葉をかけてやるとよい。「やっちゃったね」「自信がないんだね」などと、言語化することで、見えなかった不安に形が与えられて、対処しやすくなる。

100 ▸ やりたいことは言葉にする

やってみたいこと、行ってみたい場所、欲しいものがあれば、それがとうてい無理なことに思えても、どんどん言葉にしよう。言葉にすることで、自分という人間の形が見えてくるし、今後どうなりたいか、どうしたらよいかがわかってくる。

96 ▸ 1日1分でもいいので、目を閉じて座る

忙しい日々を送っていると、1分でも惜しく思えるかもしれないが、あえて1分、何もしないで目を閉じて座ると、意外に心が落ち着いてくる。短くても、何もしない時間を持つ方が、その後のパフォーマンスは良くなる。

97 ▸ 1行でも日記をつける

手帳のスケジュール欄の片隅に、その日あったことや感じたことを、1行でもいいので日記にして残そう。慌ただしい日々の中、自分の気持ちの変化を知り、成長の証とすることもできるし、後で意外に役立つことが多い。

98 ▸ なるべく口に出してほめる

いいな、と思ったら、人でもモノでも、口に出してほめるようにしよう。心にもないことでほめる必要はないが、小さなことに対してでも、心から出た言葉でほめることからは、必ずプラスの影響がある。

93 ▸ 切り上げどきは自分で決める

集まりや井戸端会議が長引いて、話題が煮詰まっているのにいつまでもお開きにならないときがある。主導権を握った方がラクになるなら、率先してその場を離れよう。他の人もそれを待っているときがある。

94 ▸ イライラしたり、焦ったら、深く息を吐く

不安や怒りで呼吸が浅く速くなったときは、深呼吸で酸素を取り入れることが大切だが、このとき「吸う」よりも「吐く」を先にしよう。焦って吸おうとしても大して吸えないが、深く吐ききれば、必ず深く入ってくる。

95 ▸ 1日1回は必ず空を見る

忙しさにかまけていると、近いところしか見なくなる。1日1回でも空を見上げるようにすれば、季節の移り変わりや、街の変化も目に入ってくる。そこから気持ちのゆとりも生まれる。

人間関係・考え方の習慣

90 ▸ 思い切って大きな声であいさつをする

あいさつをしてくれない人にあいさつをするのは抵抗があるかもしれないが、人間関係を変えようと思うなら、あいさつから変えるのが早道である。相手からの返事を期待することなく、無心で元気であいさつすることから始めよう。

91 ▸ お礼は二度言う

感謝の気持ちは、通り一遍では伝わりにくいもの。少しくどいくらいに伝えた方がいい場合もある。お礼は「何かしてもらったときに１回」「次に会ったときにもう１回」言うようにしよう。親しい間柄でも同じである。

92 ▸ なるべく笑顔でいる

笑顔の人には人が引きつけられ、不運がつきまとわない。表情がやわらかいと、トラブルが減り、いい情報が集まるようになる。ひとりでいるときも、しかめ面はしないように気をつけ、笑顔でいる時間を増やそう。

88 ▸ 翌日出かける場所の地図や乗換方法を調べておく

翌日の目的地が、初めて行く場所やうろ覚えの場所であれば、出かける時間が遅くても、前日に地図や乗換方法を調べておこう。スマホやタブレットで検索できるとしても、事前に調べてあれば精神的なゆとりが生まれる。

89 ▸ 今までより少し早く寝る

早起きをしようと考えるなら、早起きする分だけ早く寝ることが必要である。睡眠時間を削って早起きすることは、健康上も好ましくないし、効率よく動くことも期待できない。眠くなくても、とりあえず体を横にしよう。もちろん、スマホは見ないで。

85 ▸ 寝る前に、翌日の計画を立てておく

1日を有効に使えるかどうかは、前日の準備にかかっている。寝る前の数分でいいので、簡単に翌日の計画を立て、シミュレーションをしておくようにしよう。やることと順序が決まっていることが、1日の流れをスムーズにしてくれる。

86 ▸ 寝る前に、翌日持っていく荷物の準備をする

出かけるときに持つバッグの中身は、前日に必ず用意しておこう。もしも寝坊したり、朝にトラブルが起きたりしても、慌てずスタートできる。バッグインバッグなどを使うことで、持ち歩くものの管理がラクになる。

87 ▸ 寝る前に、スマホやタブレットの充電をする

急いでいると、時間のかかる充電が十分にできないことがある。寝る前に必ず充電するようにしよう。翌日、長時間使うことが予想されるなら、モバイルバッテリーも充電しておくとよい。

時間を有効に使う習慣

82 ▸今までより少し早く起きる

早起きを習慣にしようとしても、朝が苦手な人が、いきなり1時間も2時間も早く起きるのはなかなか難しい。最初は10分だけ早く目覚ましのアラームを設定することから始めよう。起きたらやることのために、寝る前に準備をしておくこと。

83 ▸家事はなるべく朝のうちに済ませる

通勤・通学で時間をとられることがない場合は、家事は朝にまとめて、それもなるべく早いうちに済ませるようにすることで、1日が何倍にも有効に使えるようになる。その際は時間を決めて、時間内に終わることだけやるようにするとよい。

84 ▸テレビ、インターネット、ゲームの時間を決める

テレビ、インターネット、ゲームは、漫然と視聴したりプレイしたりしていると、なかなか切り上げることができないもの。時間を決め、アラームを設定するなどして、切り上げるタイミングを自分に強制する仕掛けをしよう。

80 ▸ 生理日は記録する

出産するしないに関係なく、すべての女性にとって、生理はとても大切なもの。生理日の記録は必ずしておくようにしよう。トイレに貼ったカレンダーや手帳、スマホなどにメモしておけば、健康管理に必ず役立つ記録となる。

81 ▸ 1日1回、体重を量る

水分・脂肪・筋肉量など、体重の内訳にもさまざまな要素があるので一概には言えないが、1日1回、時間を決めて体重を量ることには、やはり意味がある。自分の行動が体重にどう反映しているか知るためにも、継続して量るようにしよう。

77 ‣ 座り仕事の1時間に一度は目を休め、身体をほぐす

パソコンのモニターに向かって長時間働く人は、目や首の症状を引き起こすケースが増えている。1時間に一度は必ずモニターから目を離して目を休め、上半身をストレッチなどでほぐそう。タイマーを利用するのもよい。

78 ‣ 下半身を冷やさないようにする

夏であっても、下半身（腹部から下）を冷やさないようにすることは、昔から重要視されている。特に冷え症の人にとっては大切なので、美容と健康、医療費節減のためにも尊重するべき。腹巻、大きめパンツ、レギンス、靴下で温めよう。

79 ‣ なるべくシャワーではなく、湯船に浸かる

体を冷やさないためにも、夏でもシャワーだけではなく、湯船に浸かるように心がけよう。40度程度のぬるめのお湯に、温まるまで浸かる半身浴が有効とされるので、浴室用テレビや防水スマホ・CDプレイヤーやラジオを活用しよう。

74 ‣ 3階まではなるべく階段を使う

クルマやエレベーターのおかげで歩くことが少なくなった現代だが、そのために運動不足に陥っている場合が多い。ジョギングやジム通いの前に、歩く機会を増やすことが重要だ。膝に問題がなければ、3階までは階段を使うようにしよう。

75 ‣ 近い距離ならクルマや自転車ではなく、徒歩で行く

クルマ社会に暮らしていると、歩いて10分程度の距離でもクルマを使う習慣がついていることがある。自転車も多少は体力を使うが、無意識のうちに筋力を養い、体に負担がかからないエクササイズとしては、歩くことに勝るものはない。

76 ‣ 気がついたら姿勢をよくする

自分の姿は自分で見えないので、長時間同じ姿勢をとっていたり、立ちっぱなしでいたりすると、知らない間に背中が丸くなり、姿勢が崩れていることがある。かえって疲れるので、気がついたら姿勢を正すように習慣づけよう。

健康のための習慣

71 ‣ 朝起きたら体温を測る

妊娠を望むにしろ、望まないにしろ、妊娠可能な年代の女性であれば、健康に自信があっても、基礎体温を測っておくことは健康管理の上で必ず役に立つ。目覚めたら体を動かさずすぐに舌下などで測り、記録しておこう。感染症対策にも。

72 ‣ 朝起きたら窓を開け、外の空気を吸う

地域と季節、天候にもよるが、朝起きたらすぐに窓（カーテン）を開け、外の空気を室内に入れるようにしよう。スッキリ目覚めて活動を始めることができる。ただし、ひとり暮らしの女性は、セキュリティに注意しよう。

73 ‣ 朝起きたら1杯の水を飲む

就寝中にはコップ1杯分の汗をかくと言われている。目覚めたらすぐにコップ1杯の水を飲むことで体調を整えよう。便秘症の人にとっては、腸の動きを促すためにも有効である。飲むのは冷水でもいいが、白湯や麦茶など、自分に合うものを選んで。

68 ▸ 簡単な料理本のレシピを１冊、最初から作ってみる

自己流で身につけたため、一応できてはいるが自分の料理に自信がない場合は、これはと思う料理家の料理書（なるべく初歩的なもの）のレシピを１冊、最初から通して作ってみることによって、自分の料理に足りない部分を補ってみよう。

69 ▸ 簡単なデザートを２、３品作れるようにする

簡単なデザートが自分で作れると自信になるし、人をもてなすときにも重宝し、食生活の質も向上する。ゼリーやクッキー、団子のような、いつもある材料で作れる簡単なデザートを、２、３品でいいので「自分の味」にしておこう。

70 ▸ 週に２、３回は生の果物をとるようにする

生の果物は、意識しないととらなくなることが多いが、果物は目で見て美しく、香りでリフレッシュし、新鮮なものを食べれば栄養価も高い。ジュースやサプリメントよりも、「豊かな暮らし」を楽しむことができる、生の果物を買うようにしよう。

65 ▸ 調味料は使ったらフタをして元に戻す

調味料が表に出ていないだけでも、台所は片づいた印象になる。「調理が終わったら調味料はフタをして戻す」を基本動作にしてしまおう。自分以外の家族にわかりづらい調味料（塩と砂糖など）には、ラベルを貼ってわかりやすく。

66 ▸ 栄養学に基づいて食べる

中学の家庭科レベルの栄養学を学び直す。その上で、今の自分に何が足りないかを理解し、何を食べるべきかを自分で考えられるようにしておくことは、長い目で見て、医療費の節減と食生活を含む生活の質の向上の双方に役立つ。

67 ▸ 自分の作れる料理をリストアップする

毎日食事を作っていると、だんだん同じ料理の繰り返しになってきてしまう。レシピを見ずに作れる料理をリストアップして、組み合わせを考えたり、苦手分野を強化する計画を立てるなどして、レパートリーを広げていこう。

62 ▸ 封を切ったり、電子レンジ調理だけですぐ食べられるものを買うのを減らす

調理の不要なインスタント食品は便利だが、頼り切ってしまうと料理の力が育たない。カロリーや栄養面で問題があることもある。少しずつ簡単な食事を作る回数を増やしていこう。ご飯を炊き、納豆と、切った野菜だけでもよい。

63 ▸ 野菜は買ったら簡単に下処理をする

質の高い食生活は、野菜の種類と量に現れる。野菜は下処理が面倒なので、買ったらすぐに簡単にやっておくことで、料理のハードルが下がる。「洗う」「切る」「ゆでて水気を絞る」などの処理をしておく。

64 ▸ 夕食用の肉・魚には朝、下味をつける

疲れて帰宅してから夕食を作る気力がないと、つい持ち帰り弁当などに頼りたくなるもの。朝、家を出る前に、夕食用の肉や魚を調味料に漬けておけば、帰宅してそれを加熱するだけで夕食のメインになる。野菜は冷凍モノを利用してもよい。

食事・料理の習慣

59 ▸ 寝る前に、簡単に朝食の用意をする

今まで朝食を食べていなかったなら、パンを買っておくなど、簡単な用意をする。和食なら、お米を研いで炊飯器のタイマーをセットしておく、味噌汁用の煮干しを鍋の水につけておくなど、無理せず続けられるレベルで。おかずは納豆、海苔だけでも大丈夫。

60 ▸ おかずは2、3品でよいので、お弁当を作る

お弁当を持っていくのは、時間とお金の節約になり、健康にもよい。料理本のお弁当のように華やかなものは目指さず、ご飯と梅干しかふりかけ、おかずは2、3品で続けられるお弁当を。焼き鮭と卵焼き、ブロッコリーなどの野菜（冷凍食品でよい）が基本。

61 ▸ 飲みものは水筒に入れて持ち歩く

ペットボトルのお茶を買わずに自分で持っていけば、夏場は特に節約になるし、ゴミも出さずに済む。前の晩から冷蔵庫で作っておいた水出しのお茶（緑茶、麦茶など好みで）を、ステンレスボトルや再利用のペットボトルに入れて。

57 ▸ 買いたいものは、あらかじめ デザイン・素材・予算などを細かく決めておく

今すぐには買えないけれど、いずれ買いたいと思うものがあったら、可能な限り具体的に調べておこう。よりよい候補が現れたら、その都度更新していくことで、買えるチャンスに巡り合ったとき、ベストの選択ができるようになる。

58 ▸ レシートはなるべく毎日整理・仕分けする

確定申告を自分でしたり、自分の経済状態を客観的に知るためには、領収書の整理が必須。忙しいとついつい後回しになってしまうが、仕分けだけでも毎日しておくことで、集計がラクになる。仕分けが苦手なら、分類しやすいファイルや引き出しを使うなど、仕分けのシステムを工夫しよう。

54 ▸手持ちの服や靴のリストを作っておく

「いつも同じような服を買ってしまう」「たんすのこやしが多く、着られる服が少ない」人は、手持ちの服や靴、バッグのリストを作っておけば、買う服が手持ちとかぶらないよう、組み合わせが利くようにできる。スマホ管理がおすすめ。

55 ▸カラー診断を受けて、似合う色を知っておく

人それぞれ、持って生まれた「似合う色」（１色ではない）がある。似合う色を知っておくと、買い物で迷わなくて済み、買い物の失敗が減る。買った服の活用頻度が高くなり、逆に着ない服はなくなるため、服の収納や管理がラクになる。

56 ▸欲しいものは普段からリストアップしておく

欲しいものはたくさんあっても、いざ思い出そうとすると、あり過ぎて混乱してしまう。日頃から欲しいものはリストアップしておくと、臨時収入があったり、プレゼントをもらえることになったり、いざというときに活用できる。

51 ▸ 消耗品でないモノは、なるべく10年以上使う前提で買う

たとえ小さなモノでも「これから10年以上使えるだろうか」と考えれば、安易に買う気にはならず、長く使える質のよいものを選ぶことになるので、いたずらにモノを増やさずに済み、長い目で見るとムダづかいもしなくて済む。

52 ▸ 捨てるときにお金がかからないモノを買う

モノは、処分するにもお金がかかる時代。たとえ安い品物でも、ゴミとして処分するとき高額な引き取り料がかかるなら、トクではない。捨てずにずっと使い続ける自信があるモノでなければ、処分するときのことを考えて買おう。

53 ▸ タオルや石鹸はなるべく自分で買う

普段の生活の質が低いと、不満がたまって物欲が増す場合が多い。毎日必ず使う小さなモノの質を少し上げることで、余計な買い物が避けられる。タオルや石鹸のような、もらいもので済ませがちなものほど、自分で選んだ好みのものを買おう。

48 ▸ 何か必要になったら、すぐに買いに走る前に他の解決法を考える

「必要→買う」という回路を一度切り、「借りる」「何かで代用する」「なしで済ます」という複数の解決法を検討するようにする。必ずしも買わなくても済むケースは意外に多いので、お金と空間の両方の節約につながる。

49 ▸ ティッシュやラップが切れても、ほかのもので代用できないか考える

生活雑貨や食材、調味料などが切れたとき、どうしてもそれでなければ済まない場合は別にして、なるべくほかのもので何とかする習慣を身につけよう。「代用する」は生きる知恵なので、いろいろな場面で役立つときが必ず来る。

50 ▸ お店の人と会話する

買うときはなるべく専門知識のある販売員に、商品について尋ねてから買うようにすれば、買い物の失敗が減り、買ってからも有効に使えて、支払った金額のモトがとれる。たとえ買わないとしても、お店では何かしら会話する習慣を。

45 ▸ 100円ショップやディスカウントショップで安易にモノを買わない

価格の安い店では、つい安易にモノを買ってしまいがちだが、家の中をゴチャゴチャさせないためには、実は安い店でこそ慎重な買い物をした方がよい。目先の変わったもの、便利そうなものも、一度では買わず、二度目・三度目まで待とう。

46 ▸ 通信販売やネットショップでの買い物は慎重に

パソコンやスマホのクリック1回、電話1本で買えてしまう通信販売やネットショップは、色やサイズを直接確認できないので、利用するときは慎重にしよう。思っていたのと違っていたら、返品は億劫がらずに。

47 ▸ フリーマーケットで安易にモノを買わない

お宝探し気分が楽しいフリーマーケットだが、「二度と買えない」というシチュエーションが買い物のハードルを下げてしまうので、「一度では買わない」ルールをここでも適用し、必ず一旦その場を離れ、よく考えるようにしよう。

買い物・お金の習慣

42 ▸ 買い物にはメモを用意する

スーパーなどで買い物する際、買うべきものを忘れ、必要のないモノを買ってしまう人は、出かける前に必ず紙やスマホでメモを作っておき、それにしたがって買い物をするようにする。店や売り場を回る順番も考えておけば、時間も合理的に使える。

43 ▸「安くて大量なモノ」より、「高くても気に入った方」を選び、大切に使う

「節約」を心がけるつもりで「安くて大量に入っているモノ」を買うと、かえってムダづかいしてしまったり、品質のよくないモノを買ってしまい、生活の満足度が下がることがある。その場合は「少なくても気に入った方」を選ぼう。

44 ▸ 過剰な買いだめをしない

洗剤やラップ材などは、つい安いときに買いだめしてしまいがちだが、買いだめし過ぎると収納に入りきらなくなったり、古いものを使わないまま劣化したりすることがある。災害時の備蓄も必要だが、適正基準を決め、過剰在庫を回避しよう。

40 ▸ 換気扇は一定の頻度で掃除する

汚れをためると危険な換気扇だが、構造によっては頻繁に掃除するのは無理なので、「年に一度」「半年に一度」など周期を決めて、計画的に行うようにする。体力のない人・高齢者は、無理に掃除するよりも、業者の定期的な訪問を契約しておくのもよい。

41 ▸「ながら掃除」を習慣にする

掃除は単調な作業だが、片づけよりも「判断」が少なくて済むので、他のことと並行してやりやすい。おしゃべりや長電話、録画してあるドラマや映画の視聴、英会話の勉強などと一緒にやると気も紛れ、思いがけなく早く終わる。

37 ▸ トイレの掃除は使ったとき、ついでに軽くする

トイレを使うたびに、アルコールを含ませたトイレットペーパーなどで軽く掃除をしておくと、トイレ掃除の負担が減る。今回は床、今回は便座…と、その都度拭く部分を変える。男性の家族には壁などを拭いてもらうようにするとよい。

38 ▸ お風呂の掃除は入浴後、ついでに軽くする

お風呂のカビは水分によるもの。最後に入浴した人に、浴室の床を使用済のバスタオルで拭いてもらおう。壁、浴槽の外側、フタ、鏡などは、毎回1か所、30秒程度でも拭いておくと、汚れの蓄積が減り、掃除の負担が減る。

39 ▸ ガスレンジは使った後に軽く拭く

ガスレンジの油汚れは、蓄積すればするほど掃除が大変になるので、料理が終わった直後、まだ熱いうちに拭いておくのがよい。カットした新聞紙やボロ布をキッチンにたくさん用意し、すぐ拭いて捨てられるようにしておこう。市販のウェットティッシュでもよい。

34 ▸ 部屋にはなるべく花を飾る

片づけが苦手なら、なるべくモノを飾らない方がよいが、唯一花だけは別格。散らかっていてもいいので、花を飾るように心がけよう。花束でなくて１輪だけでよいが、造花はＮＧ。摘んだ野草でも、必ず生花を飾ること。

掃除の習慣

35 ▸ １日に１回、家中に掃除機をかける

毎日の掃除は、１日１回、掃除機をかけるだけで大丈夫。このとき、廊下・洗面所・玄関など、部屋以外の場所にもすべてかけないと、家族がホコリを移動させてしまうので注意。掃除機ではなく、フローリングモップや箒で壁ぎわだけ掃除するのでも可。

36 ▸ 一定の周期で拭き掃除をする

掃除機ではきれいにできない部分の拭き掃除は、自分に可能な周期で行うようにする。床、幅木、家具の上、スイッチとその周辺やドアノブ、壁など、汚れを落とし、乾拭きしておこう。窓、照明器具を拭くと、部屋が明るくなる。

31 ▸ 一定の頻度でホームパーティーを開く

家のきれいさを保ついちばんのコツは、他人を家に呼ぶこと。２か月に一度など、友達やご近所さんを呼んでホームパーティーを開くと、家は片づくし、日頃付き合いの薄い人とも話ができるし、子育てや防災上の強い味方を作ることもできる。

32 ▸ 気に入ったインテリア写真を集めて、スクラップする

片づけが苦手でも、美しい部屋を見てイメージを構築することで、少しずつ理想に近づいていくことはできる。どんな部屋で暮らしたいかを具体化するためにも、インテリア雑誌やwebの「いいと思う部屋」の写真を集めて検討していこう。

33 ▸ 美術館、ホテルのラウンジなど、美しい空間に行ってみる

美しい部屋をイメージするためにも、実際の美しい空間を数多く体験することは大切である。美術館、ホテルのラウンジ、カフェ、レストランなどに足を運び、その空間の心地よい要素を分析し、自分の暮らしに少しでも取り入れよう。

28 ▸ シャンプーやティッシュペーパーは、自分で選んだ容器に移し替える

ボトルや箱に描かれた商品のロゴは、部屋を不必要に雑然と見せてしまう。自分好みの容器に移し替えることで、自分の意思の行きわたった部屋にすることができる。迷ったら無地・無彩色・透明を選ぶようにする。

29 ▸ 旅先での自分みやげは、なるべく消えモノを選ぶ

旅行先では、テンションが上がって、ついつい余計なモノを買ってしまうが、「記念に」と買ったものなのでいつまでも捨てられない。いっそ、お菓子や絵はがき、キャンドルといった「消えモノ（消耗品）」を選べば、買い物欲も満たせ、モノが増えない。

30 ▸ 食品のストックは使いながら補充する

むやみにストックを増やすと、使い切れないままいつまでも抱え込むことになり困るが、食品に関しては防災上削れない。防災用の特殊なものより、いつも使う缶詰やレトルト食品を選び、使っては補充する（ローリングストック）、を繰り返す方がよい。

25 ▸ 寝る前に、食卓にモノがないようにしておく

食卓は、食事以外のいろいろな用途でも使われることが多い。調味料はトレイに載せて台所に戻し、食べかけのお菓子なども置きっぱなしにしないようにすることで、雑然とした印象をなくせる。また、食事の用意がラクになる。

26 ▸ 寝る前に、床の上にモノがないようにしておく

忙しくて片づける余裕がないときは、1日1回、床の上のみ片づけるようにするだけでも気分がスッキリする。洗濯カゴを持って、部屋中の床に散らばったものを拾い集める。気力があるときに、カゴの中身を元の場所に戻しておく。

27 ▸ 寝る前に、シンクの中に洗い物がないようにしておく

シンクがきれいな状態だと、翌朝好スタートがきれる。どうしても洗い物をする気力がないときは、漆器や木製品、刃物だけは洗って拭いておき、残りの食器や調理器具は、残さいをゴムベラでこそげて水につけ、汚れだけ浮かしておこう。

22 ▸ 子供のおもちゃは、お風呂の前に片づけさせる（片づける）

子供がおもちゃで遊ぶ年代は、家の中がなかなか片づかない。1日1回は片づけるために、「お風呂に入る前には必ず片づけ、その後はおもちゃを出さない」などのルールを設けよう。大人の神経を休めるために必要なルールである。

23 ▸ 財布・カギ・携帯・メガネは置き場所を決めて戻す

出かけるときにあれこれ見当たらなくてよく困る人は、「財布・カギ・携帯・メガネ」など、外出に絶対必要なモノを1か所にまとめて置き、帰宅したら必ずそこに戻すようにしよう。トレイにモノの写真を貼り、専用の場所を作っておくのもよい。

24 ▸ 乾いた洗濯物の処理は、なるべくその日のうちにする

洗濯物を畳む余裕がなければ、最低限、人別に仕分けだけしておけば、家族は困らない。シワになっては困るものはハンガーで干し、乾いたらそのままクローゼットへ。肌着やTシャツ、タオル類は家族各自のカゴに分けておくだけでもよい。

19 ▸ 本は一定の頻度で処分する

本好きな人は次々に本を買うので、すぐに本棚がいっぱいになる。置き場所がなくなり、棚板も弱ってくるので、定期的に本を選んで外部の倉庫に移したり、スキャンしてデータ化したり、売る・寄付・資源ゴミに出すなど処分することで、生活空間をスッキリ保とう。

20 ▸ 家の中に置くモノは、色を決めておく（白系、青系など）

統一感のない色が家の中に氾濫していると、せっかく片づけても雑然として見えてしまう。見えているところに使う色を決めれば、片づいて見えるし、ものを買うときの基準にもなる。雑然として見える色のモノは隠すか、処分しよう。

21 ▸ 家の中に置くモノは、なるべく柄や模様のないものを選ぶ

さまざまな柄や模様は、空間の情報量を増やし、雑然として見える原因となる。なるべく無地のものを選べば、少々散らかっていても目立たない。企業のロゴやキャラクター、商品名などを減らすだけでも大きな効果がある。

16 ▸ 服をちょい置きするときは、なるべく畳む

着ていた服を、また後で着るつもりで椅子の背などにかけてしまうことがあるが、それが積み重なっていくと、片づけるのが大変になる。また着るつもりの服でも、いったん畳んでおけば、何枚重なっても散らかって見えないし、片づけやすい。

17 ▸ 何かをちょい置きするときは、なるべく角を揃えて置く

本や文房具、財布や化粧品など、ちょっとしたものをテーブルや家具の上に置いてしまうときは、なるべく角を揃えて置くか、トレイやカゴなどを使い、じかに置かないようにする。散らかって見えないし、片づけやすい。

18 ▸ 本は背を揃えて並べる

高さも厚さもまちまちな本を本棚に並べるとき、奥行きに合わせて押し込むと、揃って見えないし、棚板の手前にホコリがたまる。背を棚板の前面に揃えて並べると、雑然とした印象を抑えられ、掃除もラクになる。

片づけ・スッキリ見せる習慣

13 ▸ 仕事を終える前に、1分だけデスクの上を片づける

オフィスでも在宅ワークでも、仕事用のデスクが雑然としているのは良いことではない。紛失の危険もあるし、同僚や家族にも迷惑をかけることになる。1日の終わりに1分だけでいいので片づけよう。種類・大きさ別に分け、角を揃えておくだけでもよい。

14 ▸ 帰宅したら、靴はしまうか、揃えて置く

スッキリした玄関は外出しやすく、帰宅したときの気分もよく、緊急時は安全。帰宅したら、靴はなるべく靴箱にしまうか、少なくとも揃えよう。出ている靴を、家族ひとりにつき一足までにすれば、それほど雑然とした印象にはならない。

15 ▸ 帰宅したら、バッグや上着は決めた場所に置くか、掛ける

外出から戻った際、バッグや上着を床や椅子の上に置いてそのままにしてしまうと、その場所から散らかりはじめる。すぐにクローゼットにしまえなくても、ドア裏や壁に取り付けたフックに掛けるなどして、平面上に置かないようにしよう。

10 ▸ 持っているうちでいちばん好きな食器で食事する

収納に困るほど食器を持っていても、使うのはいつも同じ食器、しかも欠けているものや、粗品でもらったものだったら、せっかくの食事の時間が味気なく、もったいない。

いちばん好きな食器を使って日常の質を上げ、つまらない食器は処分しよう。

11 ▸ 家の中に置くモノは、場所をとらないものを選ぶ（入れ子になる、重ねられるなど）

家を広々と使うには、複数あっても面積・体積がひとつにできるものを選ぶようにする。食器やカゴのような容器であれば、重ねられたり、入れ子になってひとつにまとめることのできるものだと、収納場所も少なくて済み、片づきやすい。

12 ▸ 人にあげるものはまとめておき、会ったらすぐに渡せるようにしておく

プレゼントやお下がりなど、誰かにあげるつもりのものも、タイミングを逃すといつまでも家の中にとどまって困るもの。会うときにすぐ渡せるように、紙袋や箱にまとめ、相手の名前を書いて貼って、出しやすい場所に保管しておこう。

7 ▸帰宅したら郵便物をチェックして、不要なものは処分する

郵便物には、重要なものに混じって、あまり興味のないDMやパンフレットなども多い。「後で見よう」などと思っても結局時間がなくて見ず、たまりがちなら、その日のうちに処分した方がよい。重要部分だけをスマホで撮影するのもよい。

8 ▸ワンパターンになっても、好きな服だけ着るようにする

収納に困るほど服を持っていても、着るのは結局いつも同じものが多いのは、それがいちばん着心地がよく、似合うから。ワンパターンになっても、その組み合わせを大切にし、不要な服は処分した方が、管理もラクで収納も広く使える。

9 ▸手持ちの服の組み合わせを複数考えておく

手持ちの服がたとえ少なくても、複数通りの着方ができれば、有効に活用することができる。服や小物をリストアップしておき、それぞれの組み合わせを研究しておくとよい。スマホのワードローブ管理アプリを活用するのもよい。

4 ▸ 街頭で配られる無料のモノに無条件に手を出さない

大都市の駅前などでは、企業の広告宣伝のためにさまざまなモノが無料配布されるが、使い道のないモノも多い（うちわ、興味のない試供品、パンフレットなど）。捨てるのも手間がかかるので、反射的にもらわないようにしよう。

5 ▸ オマケのついている商品をなるべく選ばない

類似商品が多いドリンク類などで、しばしばミニタオルやストラップといった「オマケ」で差別化を図ろうとするものがあるが、本当に欲しいものでない限り、すぐにゴミになりがちで、決しておトクではない。なるべく避けた方が賢明だ。

6 ▸ 不要な会員カード・ポイントカードは、なるべく作らない・処分する

多くの店舗で勧誘を受ける「会員カード」「ポイントカード」は、数が増え過ぎると管理が大変で、ポイントもたまりにくくなる。作るにしても数を限定して管理できる範囲にとどめるため、使わないカードは作らないか、すぐに処分する。アプリを利用するのも手。

捨てる・減らす・増やさない習慣

1 ▸ ゴミは夜のうちにまとめておく

生活には、モノの循環がともなう。家の中をスッキリさせておくのに「捨てる」ことは欠かせない。「ゴミを捨てる」という単純な作業だが、捨てられる時間は限られている。あらかじめまとめる、玄関に出しておくなど、事前の準備が大切だ。

2 ▸ マイバッグを持ち歩き、レジ袋を買わない

レジ袋が有料化されて、エコバッグを持ち歩く人が増えたが、レジ袋はきれいに畳まないとかさばり、静電気でホコリを集めるので管理は意外に難しい。節約のためにも、レジ袋はなるべく買わない。すべてのバッグにエコバッグをしのばせよう。

3 ▸ 買ったモノについてくる無料のモノはなるべく断る（箸、スプーン、醤油等）

購入時、割り箸やプラスチックのスプーンなどが無料でついてくる食品があるが、家に持ち帰って食べる場合は使わないことも多く、たまりがち。なるべくもらわず、家にあるものを使うようにした方が、管理の手間が要らず、省資源にも有効。

ためない暮らしを作る
100の習慣

「ためない習慣」といっても、何から始めたらいいか思いつかない…自分に足りない習慣が何かわからない…。そんな方のために、基本的な「ためない習慣」に役立つアイデアを100、集めてみました。できているものはスルーして、できそうなものから一つひとつ、チャレンジしてみてください。

イラストレーション／小池アミイゴ
本文デザイン／浦郷和美
ＤＴＰ／森の印刷屋

＊本書は2014年9月に小社から刊行した単行本に
加筆・修正して文庫化したものです。

青春文庫

暮《く》らしと心《こころ》の「すっきり」が続《つづ》く
ためない習慣《しゅうかん》

2021年4月20日　第1刷

著　者　金《かね》子《こ》由《ゆ》紀《き》子《こ》

発行者　小澤源太郎

責任編集　株式会社プライム涌光

発行所　株式会社青春出版社

〒162-0056　東京都新宿区若松町12-1
電話 03-3203-2850（編集部）
03-3207-1916（営業部）
振替番号　00190-7-98602

印刷／大日本印刷
製本／ナショナル製本
ISBN 978-4-413-09775-8

お願い　ページわりの関係からここでは一部の既刊本しか掲載してありません。折り込みの出版案内もご参考にご覧ください。

—「すっきり暮らす」達人がおくる　好評既刊—

50代から やりたいこと、やめたこと

変わりゆく自分を楽しむ

金子由紀子 著

子どもがいても、いなくても。
仕事があってもなくても。
これからをもっと豊かに生きていく!

人生後半へのギアチェンジ。

978-4-413-23129-9　本体1380円

人生の居心地をよくする

ちょうどいい 暮らし

金子由紀子 著

「素敵な暮らし」って何?
家事はどこまで頑張ればいいの?
そんな疑問を感じているあなたへ。

「知っておくと便利な時短レシピ」付き。

978-4-413-23047-6　本体1380円

※上記は本体価格です。（消費税が別途加算されます）
※書名コード（ISBN）は、書店へのご注文にご利用ください。書店にない場合、電話または Fax（書名・冊数・氏名・住所・電話番号を明記）でもご注文いただけます（代金引換宅急便）。商品到着時に定価＋手数料をお支払いください。
〔直販係　電話03-3207-1916　Fax03-3205-6339〕
※青春出版社のホームページでも、オンラインで書籍をお買い求めいただけます。ぜひご利用ください。〔http://www.seishun.co.jp/〕